Empatía

Cómo Encontrar tu Yo Sensible y Usar tu Don para Sanar y Ayudar a los Demás mientras Proteges tu Energía Positiva

Natalia Adams

Índice de Contenidos

Capítulo 8: Cristales

Conclusión

Introducción

Estás a punto de sumergirte en un viaje que te dará apoyo para la comprensión, el descubrimiento y la profundización de tu conexión contigo mismo como empático. En este libro, vas a descubrir exactamente lo que significa ser empático, qué partes de ti se ven afectadas por ser empático y qué puedes hacer al respecto.

En el mundo actual, la palabra "empático" se utiliza frecuentemente en varios tipos de textos espirituales, psicológicos y de desarrollo personal cuyo fin es ayudar a las personas a entender mejor su lado sensible. Dicho esto, a veces, toda la información que hay puede hacer que el término parezca algo confuso, ya que suele haber mucha información revoloteando en torno a la definición de lo que es una persona empática y, para empezar, por qué algunas personas lo son.

Para ayudarte a entender lo que es realmente este rasgo único, por qué lo tienes, cómo puede ayudarte y qué puedes hacer para protegerte como persona empática, es por lo que he escrito este libro solo para ti. Quiero que este libro sea tu fuente de referencia a la hora de comprender quién eres y cómo puedes apoyarte a ti mismo para tener una mejor calidad de vida de aquí en adelante. Muchas personas empáticas encuentran que no tienen el suficiente apoyo en su camino y, como tal, tienen dificultades para hacerse ver y conseguir la ayuda que necesitan cuando se trata de ser increíblemente sensibles.

Antes de que empieces a entender qué significa ser una persona empática y lo que puedes hacer al respecto, es importante que sepas exactamente qué es ese aspecto de ti mismo. También es útil que reconozcas si te identificas realmente con ese aspecto de ti, de forma que puedas entender si realmente eres una persona empática.

Según la Dra. Judith Orloff, psiquiatra, una persona empática es alguien que siente empáticamente lo que otras personas están sintiendo hasta el punto de que puede resultarles un desafío distinguir entre sus propios sentimientos y los de otras personas. Dicho esto, ser una persona empática no es lo mismo que tener empatía, ya que tener empatía es algo que puede ser controlado, mientras que ser una persona empática es una forma de ser permanente. En otras palabras, las personas empáticas no pueden "apagar" su empatía. Siempre está encendida y siempre los mantiene conectados con otras personas y las emociones y experiencias de esas personas.

La ciencia ha demostrado que las personas empáticas tienen, de hecho, diferencias en sus cerebros que contribuyen a que sean de esa manera. En particular, su sistema de neuronas espejo suele ser hiperactivo. El sistema de neuronas espejo es el sistema del cerebro que genera la empatía a partir de que un individuo sea testigo de cierta energía o emoción en otro individuo, a raíz de lo cual empieza a experimentar esa energía o emoción en sí mismo. A través de ese cambio de comportamiento en el sistema de neuronas espejo, las personas empáticas experimentan, literalmente, intensos y constantes sentimientos de empatía hacia todas las personas que están a su alrededor.

Ser una persona empática no es necesariamente algo que se diagnostique. En vez de eso, es más algo con lo que nos identificamos, que reconocemos en nosotros mismos y con lo que seguimos adelante, usando un sentido de conciencia propia y compasión más profundos hacia nosotros mismos. Dicho esto, hay ciertas cosas que puedes hacer para identificar si eres o no una persona empática.

La forma más sencilla de descubrir si eres una persona empática es hacerte las siguientes preguntas:

1. ¿Suelen decirme con frecuencia que soy "demasiado sensible" o me identifico como tímido o introvertido?
2. ¿Me siento agotado después de pasar tiempo entre una multitud?

3. ¿Experimento a menudo sensaciones de estar abrumado o ansioso?
4. ¿Me abruman los sonidos excesivos, los olores o las personas que hablan mucho?
5. ¿Tengo reacciones físicas, como enfermedades, como respuesta a discusiones o peleas?
6. ¿Tengo sensibilidades físicas o químicas?
7. ¿Suelo sentirme marginado en distintas situaciones?
8. Cuando salgo, ¿suelo llevar mi propio coche para poder irme antes si lo necesito?
9. ¿Las relaciones cercanas o íntimas me producen ansiedad o incomodidad?
10. ¿Suelo tener reacciones fuertes a la cafeína o a los medicamentos?
11. ¿Mi tolerancia al dolor suele ser baja?
12. ¿Tiendo a recurrir a la naturaleza para recargar mi energía?
13. ¿Tengo una fuerte relación y buena "comunicación" con los animales y plantas?
14. ¿Me siento mejor en ciudades pequeñas o el campo en comparación con grandes ciudades?
15. ¿Necesito mucho tiempo a solas para recuperarme de estar rodeado de personas complicadas o que requieren gran parte de mi energía?

Si contestaste "sí" o te identificaste con todas o la mayoría de esas preguntas, entonces hay muchas probabilidades de que seas una persona empática. Esto significa que tú, al igual que otras personas empáticas, tienes tendencia a experimentar conexiones muy profundas con otras personas y sus emociones y energías, incluso aunque no conozcas a esas personas demasiado bien.

Ser una persona empática es maravilloso, pero suele ser descrito como algo negativo por mucha gente empática porque aún no han aprendido a controlar quienes son. Cuando eres una persona empática sin mecanismos fuertes para afrontarlo, puede parecer que estás constantemente a merced de los demás, cosa que puede estimular, ciertamente, la creencia de que tus habilidades empáticas son más una maldición que una bendición. Sin embargo, una vez que empiezas a entender lo que significa ser una persona empática, por qué lo eres y cómo puedes protegerte y usarlo como un don más que como una maldición, ser una persona empática empieza a parecer más agradable.

Por lo general, las personas empáticas que no tienen mecanismos para afrontar lo que son sienten que están siendo lanzados de un lado para otro por la vida. Puede que se encuentren sintiendo que no hay esperanza para ellos de llevar una "vida normal" porque les cuesta relacionarse con otras personas o hacer las cosas que hace la gente normal. A algunas personas empáticas les cuesta hasta tal punto que incluso ir a trabajar les consume tanta energía que pasan cada minuto después de trabajar tratando de recuperarse de esa experiencia y reconstruir su energía. Esto puede llevarlos a sentirse constantemente aislados e, incluso, sentirse solos, a pesar del hecho de que ese aislamiento social es por elección propia para tratar de minimizar el estrés que conlleva estar rodeado de otras personas.

Cuando no sabes cómo controlar tus emociones y tu energía y te ves teniendo dificultades para estar cerca de otras personas, puede parecerte que algo va realmente mal contigo. Muchas personas empáticas piensan que tienen un problema y que nunca serán capaces de disfrutar de la vida igual que las demás personas porque, sencillamente, no hay posibilidad de que puedan "adaptarse" a las normas sociales. Naturalmente, esto puede hacerte sentir que tu bendición es, en realidad, una maldición y que siempre te vas a ver atrapado con ella.

Por suerte, ser una persona empática no tiene que ser así. Una vez que te des cuenta de que el propósito de ser una persona empática es ayudar a otras personas y que esa es la razón por la que la gente se siente atraída hacia ti y tu energía, las cosas pueden empezar a cambiar. Con este descubrimiento, puedes entender por qué todo el mundo que te rodea parece acudir a ti para que los ayudes o en busca de tu energía. Esto se debe a que la gente te ve como alguien de quien pueden beneficiarse de conocer, ya que tendrás las respuestas, así como el apoyo emocional y energético que necesitan para sentirse mejor sobre los problemas que tengan en sus vidas. Como persona empática, en cierta manera es tu trabajo estar ahí para ellos, ayudarlos y apoyarlos para que sanen y puedan empezar a tener experiencias más positivas en sus vidas.

En la imagen completa, tu propósito es ayudar al planeta a sanar de la profunda falta de compasión y conexión emocional que todo el mundo parece estar padeciendo. Tu propósito es trabajar con otras personas empáticas para "despertar" a la gente a la realidad de su propio sufrimiento para que puedan empezar a sanar por sí mismos y experimentar más libertad de sus dolorosas realidades.

Muchas personas empáticas encuentran que, una vez que se dan cuenta de su propósito, muchas de sus experiencias pasadas empiezan a cobrar sentido. De pronto, es más fácil comprender por qué tanta gente te buscó para compartir la historia de sus vidas contigo, incluso habiéndote conocido 30 segundos antes y sin que tuvieras apenas la oportunidad de presentarte. También cobra sentido por qué toda la gente que te rodea parece estar tan "dañada" y por qué acuden a ti constantemente para que los "arregles".

A pesar del hecho de que ayudar a los demás es tu propósito, es importante entender que, incluso siendo una persona empática, sigues siendo humano. Esto quiere decir que tienes que centrarte en honrar tu propia energía y cuidarte a ti mismo. Solo porque tienes la capacidad de sanar y ayudar a los demás no significa que sea tu trabajo hacerlo las 24 horas del día. De hecho, no hay una forma sencilla de determinar cómo hacerlo. Lo que sí se puede determinar, sin embargo, es lo que te parece correcto y cómo quieres vivir tu vida ayudando a los demás.

Cuando empiezas a identificar qué tipo de ayuda te hace sentir bien y en cuál eres bueno, también puedes empezar a identificar los límites que puedes usar para protegerte. Protegiéndote puedes dejar de sentirte a merced de las personas que tienen dificultades controlando sus propias emociones y sanación. Y, así, puedes empezar a sentirte más fuerte con tu propia energía. Esto crea la oportunidad de que uses tu don empático más intencionadamente y de que dejes de sentir que tu energía está siendo constantemente utilizada por todo el mundo, como si fueran vampiros energéticos sin ninguna consideración por tu energía o tu bienestar.

Si todavía te sientes identificado con todo lo que se ha dicho y estás listo para aprender sobre la bendición y no la maldición que supone ser una persona empática, entonces ¡es el momento de empezar a leer *Empatía*! Ahora que ya sabes que todo esto te resulta familiar, puedes estar seguro de que lo que vas a aprender en este libro te va a ayudar a pasar al siguiente nivel de lo que significa ser una persona empática. Dicho esto, te invito a que te tomes tu tiempo en este viaje, ya que puede ser un poco abrumador para algunas personas.

Al leer *Empatía*, te invito a que te tomes el tiempo necesario para leerlo a tu ritmo. He estructurado este libro de forma que te ayude a desarrollar tus conocimientos, pero si sientes que necesitas ciertas partes más que otras, tienes total libertad para saltar de unas a otras y leer los capítulos que más falta te hagan. El objetivo principal es asegurar que tengas todo el apoyo, guía y conocimientos para sanar tu *yo* empático herido para que empieces a disfrutar de una existencia empática con más intención y propósito. De esta forma, puedes disfrutar de tu don *y* del mundo que te rodea.

Ahora, si estás listo para empezar, ¡comencemos!

Capítulo 1: Tipos de Empatía

Lo creas o no, no todas las personas empáticas son iguales. Incluso aunque todas las personas empáticas suelen tener, en general, las mismas diferencias en cuanto al funcionamiento de sus mentes en respuesta a las energías y sentimientos de otras personas, no todas tienen el mismo propósito ni la misma forma de usar su don. De hecho, tampoco todas experimentan sus dones de la misma forma.

Entender qué tipo de empatía tienes y lo que significa es una gran oportunidad de profundizar tu comprensión de ti y lograr una mayor capacidad de apoyarte a ti mismo a lo largo de este viaje. Es importante que entiendas que, a pesar de los recursos que tengas disponibles, al final del día explorar tu *yo* empático es un camino personal y tú eres el único que realmente puede trabajar con esa información. Eso significa que depende de ti identificar con qué te identificas más y qué información puedes usar para ayudarte a tener una experiencia más pacífica en tu vida como persona empática.

Con todo esto, antes de profundizar, vamos a tomarnos algo de tiempo para descubrir qué tipo de empatía tienes y qué significa para tu don único. A continuación, encontrarás cómo identificar el tipo de empatía que tienes. Y, después, expondremos los distintos tipos de empatía para que puedas entender las diferencias entre todos ellos y cómo difieren del tuyo.

¿Qué Tipo de Empatía Tienes?

La forma más sencilla de descubrir el tipo de empatía que tienes es escribir en tu diario o en un trozo de papel todas las formas en que experimentas tu don empático. Después de hacerlo, puedes escuchar los seis tipos de empatía que tienes a continuación y ver con cuál se identifica más lo que has escrito. Puede que te identifiques con varios tipos de empatía, sin embargo, verás que hay uno o dos tipos que son más dominantes que el resto. El tipo que te parezca más dominante será tu "tipo de empatía".

Empatía Emocional

Las personas con empatía emocional pueden recoger parte de las emociones de quienes estén a su alrededor y sentir los efectos de esas emociones como si fueran propias. A menudo, los empáticos emocionales sienten cosas increíblemente profundas y cargan con las heridas ajenas como si fueran las suyas propias. Por ejemplo, si ves a alguien lastimado o alguien te contó la historia de algún trauma que vivió, puede que empieces a sentir su dolor y puede que necesites dejar ir ese trauma y sanar, aunque no sea tuyo. Como empático emocional, tu objetivo es aprender a diferenciar entre tus emociones y las de otras personas para que no te sientas agotado después de esas interacciones emocionales.

Empatía Médica

Los empáticos médicos sienten la energía del cuerpo de otras personas y, en algunos casos, pueden sentir el dolor de esas personas en su propio cuerpo. Por ejemplo, si alguien a tu alrededor tiene dolor de cabeza, puede que tú también empieces a sentir dolor de cabeza porque puedes sentir el de esa persona de forma empática. Los empáticos médicos suelen padecer enfermedades autoinmunes, como fibromialgia, provocadas por su capacidad de sentir el dolor ajeno. Como empático médico, tu objetivo es aprender a "apagar" tu don según lo necesites para que no absorbas los síntomas de otras personas todo el tiempo.

Empatía Geomántica

Los empáticos geománticos pueden sentir la energía de un espacio físico o un paisaje de una forma difícil de describir a otras personas. Si sientes que algunos espacios te ayudan a sentirte cómodo y otros te hacen sentir incómodo o incluso ansioso, especialmente sin razón aparente, es probable que seas un empático geomántico. Como empático geomántico, tu objetivo es aprender a vivir en armonía con tu entorno y tu propósito es protegerlo.

Empatía Vegetal

Los empáticos vegetales tienen la habilidad de sentir e intuitivamente comunicarse con las plantas. Si puedes "escuchar" lo que las plantas te están diciendo hasta el punto de intuitivamente saber lo que necesitan o cómo cuidarlas, es probable que seas un empático vegetal. Los empáticos vegetales a menudo se dan cuenta de que también reciben conocimientos y sabiduría de las plantas. Tu objetivo como empático vegetal es aprender a comunicarte con las plantas aún mejor y abogar por el bienestar de la vida vegetal en todas partes. Eres el defensor de los bosques, por decirlo de alguna manera.

Empatía Animal

Los empáticos animales tienen tendencia a establecer fuertes conexiones con los animales, hasta el punto de ser capaces de sentir lo que un animal está diciendo o lo que necesita. Los empáticos animales tienen la habilidad de comunicarse telepáticamente de varias formas con las distintas criaturas, lo que les permite compartir "conversaciones" con los animales. Muchos empáticos animales terminan convirtiéndose en veterinarios, rescatadores, cuidadores y defensores como forma de trabajar con animales. Como empático animal, tu objetivo es conectar más con los animales y tu propósito es cuidarlos y protegerlos.

Empatía Intuitiva

Como persona con empatía intuitiva, puedes recoger información de personas, objetos o lugares simplemente por estar cerca de ellos. Sueles, sencillamente, "saber" cosas solo con estar en el lugar que ocupa algo o alguien. A menudo, eres capaz de decir si alguien está mintiendo o diciendo la verdad solamente por la energía intuitiva que percibes. Como empático intuitivo, necesitas trabajar en reforzar tu campo energético para que tu mente no esté siendo constantemente bombardeada con información procedente de todos los que te rodean. Tu propósito es ser capaz de ayudar y cuidar a otras personas y trabajar para sanar a la humanidad en general.

Capítulo 2: Beneficios de la Empatía

Ser una persona empática tiene muchos beneficios que pueden serte útiles en tu vida. Mucha gente no llega a experimentar la vida de la forma en que deberían, lo que significa que muchas personas no consiguen disfrutar de cosas que otras personas sí disfrutan. A menudo, las personas empáticas sienten que están malditos, pero la verdad es que han sido bendecidos. Ser capaces de experimentar la vida tan profundamente como una persona empática puede significar que tienes la capacidad de verdaderamente disfrutar todo lo que este mundo tiene para ofrecerte. Así, te verás disfrutando del mundo que te rodea mucho más que cualquier otra persona, lo que quiere decir que realmente sabes lo que es "pasarlo bien".

Entender cuáles son tus beneficios y cómo puedes usar tu don empático para obtener las recompensas de esos beneficios puede ayudarte a tener experiencias vitales que podrás disfrutar mucho más. De esta manera puedes empezar a entender por qué tu don es realmente un don y cómo puede bendecir tu vida de formas en que la mayoría de la gente nunca llegará a experimentar.

Entender la Energía y las "Señales" Energéticas

El primer paso para ser capaz de acceder a tus bendiciones es comprender qué es la energía y qué señales energéticas estás recibiendo como persona empática. Como persona empática, experimentas el mundo que te rodea de forma literal, como hacen los demás, y también a un nivel completamente diferente. Ese nivel es el de la energía.

La mayoría de las personas empáticas perciben la energía a través de sus sentidos extrasensoriales. Esto quiere decir que hay una "extensión" de tus sentidos humanos de vista, oído, tacto, gusto y olfato que te permite recibir información sobre la energía de tu entorno. Además de las percepciones procedentes de esos cinco sentidos, también tienes un "conocimiento" interno que parece surgir sin que ningún sentido alternativo te lo proporcione. A eso se le llama ser clarividente.

Al ser capaz de obtener información adicional sobre tu entorno de esa manera, ganas la oportunidad de experimentar el mundo de una forma muy distinta a como lo experimenta cualquier persona promedio. Tienes la oportunidad de experimentar el mundo de una forma que te permite saber virtualmente más de lo que cualquier otra persona sabe sobre el mundo que te rodea. Eso conlleva grandes ventajas para ti y que pueden ser usadas para mejorar tu vida y las vidas de las personas que te rodean.

Tener el Poder de Verdaderamente Conocer a la Gente

Como empático, tienes la habilidad única de conocer realmente a las personas y sus intenciones, incluso cuando no le dicen a nadie abiertamente quiénes son o cuáles son sus intenciones. Por ejemplo, tienes la capacidad de saber si alguien está mintiéndote o si te están ocultando información sobre cuáles son sus verdaderas intenciones. También eres capaz de decir si alguien está siendo auténtico contigo, lo que significa que sabes si puedes o no puedes confiar en alguien. A menudo, esto viene como un "presentimiento", que en esencia no es más que tu intuición hablándote a través de tu don empático.

Además de ser capaz de decir si alguien está mintiendo, también puedes detectar a los manipuladores, a los vampiros energéticos y a las personas que están atrapadas en su propia mentalidad de víctima. Ser capaz de detectar ese tipo de personas quiere decir que puedes saber en qué situaciones establecer límites energéticos para evitar que se aprovechen de ti esas personas que no van a respetarte a ti, a tu energía o tu bienestar. Esto quiere decir que, una vez que empieces a leer a las personas y aprendas a hacerte valer, ya no tienes por qué sentir que estás a merced de personas que no se preocupan realmente por ti o por tu bienestar.

Cuando eres capaz de detectar mentirosos, manipuladores y personas que tienden a ser abusivas en su energía, te das la opción de protegerte y ¡eso es algo que no mucha gente es puede lograr!

Es importante entender que solo porque puedes saber si alguien está mintiendo o manipulando a otra persona no significa que tienes la responsabilidad de decir algo o confrontar a esa persona. No estás obligado a convertirte en mediador o en héroe y salvar el día de todo el mundo en todas las situaciones. De hecho, no estás obligado a hacerlo en ninguna situación. Tener ese conocimiento no significa que necesites convertirte en un mártir; simplemente significa que tienes la opción de educadamente desvincularte de esa persona y evitar verte envuelto en sus ciclos tóxicos.

Limpiar tus Propios Patrones Energéticos

Cuando tienes una conexión intuitiva con la energía, posees la habilidad única de leerla, así como de trabajar con ella. Esto significa que tienes la capacidad de identificar y limpiar tus propios patrones energéticos a un nivel más profundo del que mucha gente es capaz de alcanzar. Cuando puedes identificar y trabajar en tu propia energía, tienes la oportunidad de realmente profundizar en tu proceso de curación y experimentar la vida de una forma más profunda y agradable.

Hay un dicho muy conocido que dice que "no se puede beber de un vaso vacío". Como ser una persona empática gira completamente en torno a ayudar a los demás, esto quiere decir que gira completamente en torno a cuidar de ti mismo. Tu principal objetivo como empático debería siempre ser mantener tu vaso lleno para sentirte bien y sentir que ayudar a los demás es una bendición más que una maldición.

Mantener tu vaso lleno implica muchas cosas, incluyendo ser capaz de detectar tus propios patrones y conscientemente sanarlos. También puedes usar esa habilidad de detectar patrones para identificar a personas y cosas que perturban tu energía, de forma que puedas empezar a sanar tus experiencias energéticas. Cada vez que percibas que hay patrones poco saludables gobernando tu mente o tu vida, deberías centrarte en cómo curarlos para dejar de estar completamente a su merced.

A medida que aprendas a llenar tu vaso y a mantenerte sano y "lleno", te darás cuenta de que la vida se vuelve más agradable. Aún tienes la capacidad de sentir profundamente las cosas, pero esas cosas ya no se hacen con el control de tu vida porque has aprendido a ponerte a ti primero. Como resultado, puedes verte fácilmente dando a los demás y participando de tu propósito en la Tierra sin sentirte agotado ni maldito por tener este impulso interno tan profundo de cumplir tu propósito.

Incrementar tus Energías Creativas

Prácticamente todas las personas empáticas tienen de forma innata grandes habilidades creativas porque estar tan profundamente conectados con tantas energías hace que tengan mucha inspiración y grandes descargas intuitivas y creativas. Como empático, tú también tienes la habilidad de ser muy creativo de muchas formas distintas. De hecho, es probable que tú mismo seas testigo de esa creatividad que tienes y constantemente reconozcas formas de ser creativo si quisieras llevar a la práctica toda la inspiración que recibes. Muchas personas empáticas se encuentran con frecuencia "luchando" contra esa creatividad porque reciben demasiados estímulos de forma simultánea y cada uno de esos estímulos parece una oportunidad que podrían aprovechar.

Si estás leyendo esto y pensando que "definitivamente, yo no soy creativo", es buena idea que salgas de tu zona de confort y reconsideres lo que tú consideras que es ser creativo. Las personas empáticas son buenas en todo –desde crear cosas con las manos hasta crearlas con sus corazones, mentes y bocas–, así que hay muchas cosas que pueden ser creadas por ti si realmente deseas crear algo. Puedes crear en forma de obra de arte, dando una clase, bailando o simplemente con tu corazón.

Una de las claves más importantes para poder crear como empático es dejar de lado la ilusión de la perfección para desbloquear tu potencial. Como persona empática, es posible que sientas la presión de ser perfecto en todo lo que hagas a lo largo de tu vida, literalmente. Esto, naturalmente, no es sano y no te ayudará a ser capaz de crear y disfrutar de tus dones creativos. Debes entender que el perfeccionismo nos ha sido inculcado por una sociedad capitalista llena de personas que creen que debemos ser perfectos en todo para que todo pueda ser monetizado.

Como empático, no tienes (ni quieres) suscribir ese tipo de doctrina. En su lugar, permítete ser desordenado, deja que tu trabajo sea imperfecto y crea desde tu desordenado e imperfecto corazón. Desde ahí es que surgen las creaciones y los inventos verdaderamente mágicos para ser compartidos y que todo el mundo los vea; es la energía de esas creaciones y esos inventos la que cambiará la sociedad tal como la conocemos.

Cultivar una Vida Única Llena de Propósito

A diferencia de otras personas, los empáticos suelen tener profundos propósitos integrados en ellos y que sienten que no pueden realmente negar o pasar por alto. Es posible que reconozcas que hay una determinada pasión o intención a la que te has sentido apegada y por la que has trabajado toda tu vida sin entender completamente por qué o cuándo se convirtió para ti en una pasión o una intención. Esto es algo muy común para las personas empáticas.

Aunque a veces pueda parecer una maldición que sientas constantemente esta profunda llamada interna que te lleva a la acción, tu pasión y tu intención son realmente una increíble bendición. Es importante comprender, sin embargo, que tener esa pasión y esa intención no quiere decir que debas vivir una vida miserable a merced de ese propósito. Por ejemplo, si te das cuenta de que sientes pasión por ayudar a que las víctimas de abuso encuentren la asistencia que necesitan para poder sanar, no es necesario que te conviertas en un felpudo que puedan pisar mientras vierten todas sus preocupaciones y sentimientos sobre ti. No tienes la obligación de estar disponible en todo momento para que ellos saquen todo lo que llevan dentro y se apoyen en ti si necesitan tu asistencia. Te está permitido decir que no y tener límites o fronteras y, de hecho, debes tenerlos si quieres ser capaz de llevar a cabo tu pasión e intención en la vida.

Una vez que aprendas a establecer límites saludables en torno a tu pasión y propósito, ser empático empezará a parecerte más agradable. De repente, se abre ante ti la posibilidad de vivir una vida maravillosa y la oportunidad de llevar a cabo la misión de tu vida, que es algo maravilloso en sí mismo. Mucha gente nunca llega a experimentar lo que es tener una vocación tan salvajemente profunda, al igual que el placer de llevar a cabo esa vocación, así que entrar en contacto con tu *yo* empático y abrazar esa parte de ti puede ser una gran y muy poderosa ventaja.

Ser lo Suficientemente Valiente como para Sacara tu *Yo* Auténtico

Como empático, otra ventaja que tienes que la habilidad de sacar tu *yo* auténtico, ser tú mismo. Con tu don de ser capaz de leer y experimentar la energía, tienes la habilidad de identificar quién eres realmente y qué partes de tu personalidad han sido "adoptadas" de las enseñanzas y los estándares de la sociedad. Esto quiere decir que tienes la capacidad única de quitarte la máscara que la sociedad te ha puesto, identificando cuáles son tus verdaderas creencias y profundizando en tu *yo* auténtico y tu verdadera expresión.

Ser capaz de sentir quién eres y conocer tu verdad significa que puedes liberarte de la prisión que suponen las creencias y las historias limitantes que te han contado para poder empezar a vivir como realmente eres. Esto quiere decir que puedes conectar con las partes más profundas de la persona que eres, ser tu *yo* auténtico y vivir con libertad de expresión. Esto es una bendición que mucha gente nunca podrá experimentar.

Cuanto más vayas conociéndote a ti mismo y cuantos más límites vayas desarrollando alrededor de tus experiencias empáticas, más capaz serás de expresar tu verdadero *yo* y menos posibilidades tendrás de vivir a merced de los demás. De esta manera, podrás tener mucho mejores experiencias en tu vida como empático.

Capítulo 3: Situaciones de la Vida Real

Como empático, estás obligado a pasar por la vida de la misma forma que todas las demás personas en este planeta. Pero, dicho esto, la forma en que experimentes la vida va a ser completamente diferente a la de las personas que no tienen experiencias empáticas como tú. Por ese motivo, puede que te sientas como "pez fuera del agua" por tener experiencias que son completamente distintas a las que vive cualquier persona promedio. De hecho, pude parecerte que no puedes hablar de verdad con nadie y recibir algún tipo de consejo compasivo o lleno de empatía porque estás constantemente intentando compartir tus emociones con personas que no son capaces de entender por lo que estás pasando. Entender que tus experiencias vitales son diferentes y cómo contribuyen a que experimentes distintos aspectos de tu vida puede ayudarte a empezar a comprender cómo puedes navegar por la vida siendo una persona empática. A continuación, vamos a explorar nueve experiencias comunes en la vida de una persona empática y que es probable que te encuentres, cómo pueden hacerte sentir y qué puedes hacer si te ves envuelto en ellas.

Experiencias de la Vida Laboral

Como persona empática, a menudo una de las cosas más difíciles de hacer es ir a trabajar. En nuestra sociedad, trabajar se considera obligatorio, ya que tienes que tener unos ingresos para poder ser capaz de permitirte cosas como alojamiento, comida, ropa y otras cosas básicas que se necesitan en la vida. Por ese motivo, sabes que estás obligado a tener un trabajo y obtener unos ingresos, por lo que es probable que sientas mucha presión al tratar de mantenerte al día con este aspecto de la "vida normal".

El trabajo puede suponer un verdadero reto para las personas empáticas por muchos motivos. El simple hecho de que sea obligatorio y que requiera una gran parte de tu tiempo puede parecerte drenante y agotador. Además de eso, muchas personas empáticas pueden verse trabajando en un entorno con jefes y compañeros de trabajo tóxicos, o muchos otros factores, que absorben toda su energía y las dejan sintiéndose exhaustas al final del día. Este cansancio es muy diferente del cansancio normal que mucha gente siente al final de un día de trabajo. Las personas empáticas, a diferencia de las "personas normales", suelen sentirse incapaces de funcionar debido al estrés y el agotamiento acumulados debido a su vida laboral.

Lo mejor que puedes hacer como empático es encontrar una forma de hacer que tu vida laboral sea más agradable. Trabajar para una empresa que esté en consonancia con tus valores o empezar tu propia compañía son dos grandes opciones para hacer que tu vida laboral sea menos agotadora para ti. También puedes probar a establecer límites más saludables para mantenerte alejado de cualquier drama relacionado con tu puesto de trabajo y evitar verte atrapado en situaciones en las que muchos trabajadores suelen verse implicados y que te absorben toda la energía.

Tener Aficiones Siendo Empático

Tenes aficiones es una forma muy sana y habitual que tiene la gente de involucrarse en algo que es divertido y que los ayuda a mantenerse mental y emocionalmente sanos. Las aficiones tienen muchos y muy grandes beneficios que nos ayudan a tener una mejor salud, a la vez que nos hacen tener una sensación de satisfacción mucho más profunda de la vida como tal. Para una persona promedio, las aficiones son una forma sencilla de disfrutar parte de su tiempo libre, a la vez que hacen algo que les proporciona felicidad.

Para las personas empáticas, el tema de las aficiones puede ser abrumador. Lo primero y más importante es que las aficiones suelen ser lo primero que dejan de lado e ignoran cuando se sienten energéticamente agotadas. Por la forma en que está estructurada la sociedad, esto quiere decir que, para empezar, muchos empáticos ni siquiera llegan a desarrollar sus aficiones porque verdaderamente no tienen la energía para dedicarse a ellas, aun cuando esas aficiones pueden, técnicamente, ayudarlos a sentirse mejor con respecto al agotamiento.

Aparte del más absoluto agotamiento, de sentirse abrumados o de ser descuidados, las personas empáticas pueden tener problemas involucrándose en determinadas aficiones porque pueden suponerles mucha presión. Las aficiones que implican grupos o incluso lugares públicos, por ejemplo, pueden exponer a una persona empática a un montón de estímulos, lo que significa que si ya se sentía baja de energía, puede no ser capaz de reunir la energía suficiente para ir. Si la afición requiere que el empático esté solo, es más probable que se involucre; sin embargo, si no tienen límites firmes, puede que ese tiempo tranquilo y a solas haga que se sienta abrumado por recuerdos del agotamiento energético que está tratando de evitar. Para una "persona normal", esto puede parecer una locura, pero para una persona empática tiene todo el sentido del mundo. Así es como los empáticos procesan toda la energía abrumadora que han estado sintiendo.

Si eres una persona empática y estás buscando alguna afición que desarrollar, lo ideal sería encontrar un rango de actividades que varíen en sus requerimientos energéticos. De esta manera, puedes involucrarte en la que mejor encaje con la situación energética de tu día a día. También deberías tener métodos de descompresión saludables para que seas capaz de estar realmente presente cuando disfrutes de tus aficiones. Además de eso, podrás ser capaz de disfrutar de la experiencia en vez de verte abrumado por recuerdos energéticos y procesamientos energéticos.

Controlar la Creación de Riqueza como Empático

Como empático, la estructura capitalista actual puede resultarte abrumadora. La idea de que a la gente se le paguen salarios increíblemente bajos por realizar tareas que hacen que determinadas personas se hagan ricas, mientras que el resto sufre parece muy doloroso. Para la mayoría de los tipos de empáticos, esto de por sí es doloroso, pero darse cuenta de que contribuyen a mantener esa estructura al tener un empleo normal puede ser extremadamente abrumador y agotador para ellos. Esto por sí solo puede hacer que su vida laboral sea mucho más agotadora, pero también puede crearles un profundo conflicto en torno al proceso de creación de riqueza. Por un lado, una persona empática sabe que necesita generar beneficios para poder mantener su nivel de vida y, por otra parte, se siente culpable si sospecha que la riqueza que está creando está siendo obtenida de alguna manera que pueda hacer daño al medioambiente o a otras personas.

Si te sientes mal o te sientes "sucio" con respecto al dinero que estás ganando, hay un par de cosas que puedes hacer para empezar a ganar dinero de una forma que te haga sentir mejor. Primero, puedes centrarte en trabajar con una compañía que tenga unos principios y valores acordes a los tuyos y que esté haciendo cosas genuinamente buenas por el mundo que te rodea. Ser capaz de trabajar con una empresa que esté contribuyendo activamente y de forma positiva puede hacer que tu trabajo te parezca más significativo y puede ayudarte a aceptar tu creación de riqueza al permitirte llevar a cabo la misión de tu vida.

Otra forma de hacer que la creación de riqueza sea más pacífica para ti y menos conflictiva es considerar la posibilidad de abrir tu propia empresa. Muchas personas empáticas desarrollan fuertes métodos para mantener su bienestar energético y después se lanzan a montar sus propias empresas, de esa forma pueden tener un completo control sobre el dinero que ganan y su gestión. De esta forma, estas personas pueden estar seguras de que ese dinero que ganan está haciendo cosas buenas por el mundo y está siendo ganado de forma ética y sostenible. A menudo, los empáticos ganan *más* dinero de esta forma, lo que significa que también pueden permitirse gastar dinero de forma que apoyen a otras empresas éticas y sostenibles. Esto hace que el tema de las ganancias sea mucho más pacífico y menos conflictivo para una persona empática.

Convertir tu pasión y tus habilidades en un negocio nunca ha sido tan fácil gracias a Internet.

Lidiar con tu Salud como Empático

Para una persona promedio, la salud es algo relativamente sencillo de cuidar, a no ser que hayan sido diagnosticados con alguna enfermedad o tengan alguna lesión seria. En ese caso, tendrán directrices claras de lo que tienen que hacer con el fin de protegerse para no tener mayores complicaciones en su salud. Para las personas empáticas, el tema de la salud es bastante diferente y puede ser extremadamente confuso y abrumador. Esto puede verse amplificado si resulta que tienes una empatía médica o si tienes experiencias de tipo médico a través de tu don empático.

Como empático, te ves constantemente afectado por energías externas, especialmente si todavía no tienes fuertes métodos para enfrentar esas energías ni límites establecidos que te ayuden a proteger tu energía. Como resultado, te ves expuesto de forma constante a dolencias extrañas, que varían desde dolores raros hasta síntomas poco usuales que raramente pueden ser explicados por un médico. Esto puede aumentar tu estrés, lo que puede dar lugar a que te terminen diagnosticando alguna dolencia porque el aumento del estrés de forma continuada puede dar lugar a problemas de salud preocupantes.

Aparte de la salud como tal, cuidar de tu salud también puede ser un reto. Los empáticos suelen ser sensibles a distintas sustancias químicas y conservantes que se encuentran en muchas fuentes de alimento modernas, así como en medicamentos, suplementos y otras cosas que deberían ayudar a nuestra salud. Esto puede hacer que elegir un estilo de vida más saludable suponga casi el mismo desafío que el estilo de vida "estándar".

La mejor manera de hacer que tu salud sea más fácil de controlar es mejorar tus límites y protecciones energéticas para que estés menos expuesto a las perturbaciones que producen las energías de otras personas. Además, también necesitas centrate en encontrar herramientas saludables que puedas usar. Dichas herramientas deben ser capaces de ayudarte a cuidar de tu cuerpo sin efectos secundarios indeseables. A menudo, seguir una dieta local, orgánica y libre de OGM que se centre principalmente en fuentes de combustible limpias tales como verduras, frutas, cereales y legumbres es lo ideal. Algunas personas empáticas pueden ser capaces de comer proteínas animales, mientras que otras no son capaces en absoluto de comerlas. Debes hacer lo que le siente bien a tu cuerpo.

Además de lo que elijas comer, también necesitas ser especialmente cuidadoso con tu horario de sueño, así como con tu horario de ejercicio o entrenamiento. También deberías incorporar a tu calendario elementos que contribuyan a tu bienestar mental y emocional para que puedas cuidar adecuadamente de ti mismo. También querrás trabajar mano a mano con un médico y, posiblemente, un terapeuta que puedan ayudarte con tus sensibilidades y a llevar una vida más saludable.

Experiencias de la Vida Familiar

Involucrarse en experiencias familiares como empático puede salir de muchas maneras. Algunas personas empáticas tienen familias comprensivas y compasivas, mientras que otras tienen familias que están llenas de vampiros energéticos y narcisistas. Algunas personas tienen familias mixtas que incluyen tanto personas compasivas y amables como vampiros energéticos y narcisistas.

Para los empáticos, la parte más difícil de tratar con la familia es lidiar con la creencia habitual de que tenemos algún tipo de obligación hacia nuestras familias. La presión que procede de dentro de tu propia familia que hace que sientas esa obligación con respecto a ellos puede ser extremadamente intensa y dolorosa para una persona empática. Si sientes esa obligación hacia tu familia, es necesario que abordes ese problema, ya que puede dar lugar a un dolor más profundo y traer confusión a tu vida.

Lo mejor que puedes hacer como empático es tener límites claros y evitar estar cerca de los miembros de tu familia que no los respeten. Si te involucras en relaciones con personas que tratan de presionarte para que ignores tus propios límites, lo que necesitas es distanciarte de esas personas. Estas experiencias pueden ser dolorosas, pero con importantes si quieres protegerte del abuso que pueda existir dentro de tu familia.

La mayoría de los empáticos de hoy en día se han rodeado de una "familia improvisada" o, dicho de otra forma, una familia formada tanto por miembros de su familia biológica como por amigos cercanos. A este tipo de familia se le suele llamar "familia del alma" e incluye a personas que respetan a la persona empática. Aun así, siguen teniendo que curarse de todo el dolor que supone tener que abandonar a su familia cuando esta es abusiva y desconsiderada con ellos y con su bienestar.

Tener Amistades Siendo Empático

Como persona empática, tener amistades puede parecer hasta cierto punto un reto, ya que puedes sentirte frecuentemente presionado para exponerte de formas que pueden no parecerte factibles o cómodas. Es fácil que te sientas culpable, abrumado y desconectado en esas relaciones, especialmente si estás tratando de nutrir relaciones con otras personas que no son empáticas. En general, las personas promedio no saben toda la energía que te requiere pasar tiempo con ellos, incluso aunque genuinamente disfrutes del tiempo que pasan juntos. Y más allá de la energía que inviertes en pasar tiempo con ellos, la energía asociada a cualquiera de las actividades que elijan hacer juntos, especialmente si son en espacios llenos de gente o muy ruidosos y llenos de energía puede ser extremadamente abrumadora.

Aprender a estar rodeado de gente sin encontrarte terriblemente abrumado es una parte muy importante de aprender a manejar las amistades de una forma más saludable cuando eres una persona empática que quiere tener amigos. También necesitas aprender a hacerte valer y establecer límites saludables para que no tengas que enfrentarte a demasiadas cosas cuando estés pasando tiempo con tus amigos. Puede resultarle fácil a tus personas cercanas contártelo todo porque les haces sentir bien y esto nos conduce al siguiente punto. Aprender a decir que no a las personas que no te respetan y a tomarte todo el tiempo que necesites para ti sin sentirte culpable van a jugar un papel muy importante en tu capacidad de tener amistades más sanas con las personas que están en tu vida.

Tener Citas Siendo Empático

Como persona empática, tener citas puede ser tan desafiante como las amistades, excepto que puede parecerte incluso más complejo. Cuando estás intentando salir con una persona nueva, puede haber mucha presión en la energía de tratar de conectar con esa persona a un nivel más íntimo y empezar una relación con ella. Es probable que tú pongas una energía más intensa y más expectativas en las citas que la otra persona porque debes mantener unos estándares muy altos en cuanto a quién y qué entra en tu campo energético. Esto puede convertir las citas en todo un reto y hacer que tanto tú como tu cita se sientan presionados a "encajar a la perfección".

Una forma importante de superar este obstáculo a la hora de tener citas siendo una persona empática es tomarte tu tiempo para conocer a la otra persona antes de comprometerte a salir con ella. También necesitas algo de tiempo para abandonar la idea de que todas las personas con las que tengas una cita tienen que convertirse en parejas de larga duración. Además, considera tener citas en lugares discretos que te resulten más cómodos para que así puedas disfrutar más y tener una mejor relación con tu compañero. Hacer esto te resultará extremadamente útil para que seas capaz de relajarte de verdad y disfrutar de tus citas, en vez de sentirte abrumado por la energía y la presión de toda esa experiencia.

Por último, cuando tengas una cita, asegúrate de que confías plenamente en tu propia energía. Si tienes malos presentimientos sobre alguien o si sientes que no va a ser la persona ideal para ti y que no debes seguir viéndola, es mejor que le pongas fin lo antes posible en vez de seguir viendo a esa persona solo por ser educado. Respetar tu energía de esta forma te ayudará a evitar verte atrapado en relaciones con personas que no son las ideales para ti y te permitirá empezar a ejercer los beneficios de ser una persona empática.

Manejar Relaciones Serias

Si eres empático y estás en una relación seria, esta puede resultarte bastante desafiante. Muchas personas empáticas creen que una vez que se involucren en una relación a largo plazo, la presión de las relaciones va a desaparecer y van a ser capaces de disfrutar como una "persona normal". La realidad es que las relaciones comprometidas también pueden suponer un reto bastante importante para los empáticos. Es posible que te veas arrastrado con frecuencia, tanto emocional como energéticamente, por las experiencias emocinales y energéticas de tu pareja, especialmente si tienden a estar desconectados de lo que suponen esas experiencias y de cómo se sienten.

Además de esto, las disputas sencillas o cualquier otra pelea pequeña puede resultar extremadamente dolorosa para una persona empática porque es muy cercana a la persona con la que están discutiendo. Esto quiere decir que puedes sentirte más sensible de lo habitual cuando estás cerca de tu pareja, en lugar de más "normal" y relajado.

Lo mejor que puedes hacer como empático en una relación seria es aprender a honrar tu propia energía y aprender a tener un compromiso más saludable con tu pareja. Puedes hacer esto estableciendo límites más saludables, comprometiéndote a tener tiempo para ti solo y dándote espacio para cuidar de tu energía en la medida en que lo necesites. Cuanto más aprendas a operar como una persona independiente y mantener tu verdadera expresión, aun siendo parte de una pareja, a la vez que permites que tu pareja se haga responsable de su propia energía, mejor será la relación.

Conocer Narcisistas como Empático

Como persona empática, vas a conocer a muchos narcisistas. Desafortunadamente, los narcisistas se sienten atraídos por los empáticos como una polilla a una llama. Son capaces de detectar tu energía única y la forma en que eres naturalmente capaz de dar y apoyar a los demás porque a los narcisistas les encanta aprovecharse de eso. En una relación narcisista, es probable que sientas que abusan mental, emocional y energéticamente en prácticamente cualquier forma concebible.

La mejor manera de protegerte de un narcisista siendo una persona empática es aprender a fijar límites sanos y fuertes. También es vital que aprendas a detectar las energías y las personas narcisistas para que, de esa manera, puedas rechazar cualquier tipo de relación con ellas cueste lo que cueste. Tu ego o tu voz interior pueden intentar convencerte de que puedes "ayudar" a esas personas o que les debes esa ayuda de una forma o de otra, pero la verdad es que no les debes nada. Al contrario, te debes a ti mismo cuidar de tu energía y distanciarte de las personas que no pueden respetarte ni a ti ni a tu energía. Los narcisistas nunca van a ser capaces de ver la verdad y siempre te acabarán arrastrando hacia una espiral de abuso y dolor, así que todo lo que puedes hacer es sacarlos de tu vida. Tienes que aprender a identificarlos rápidamente para que no permitas que nuevos narcisistas formen parte tu vida en ningún momento en el futuro.

Capítulo 4: Ayudar a los Demás

Como empático, tu principal propósito en la vida es ayudar a los demás. Las personas empáticas, en general, nacen para ayudar a la Tierra a evolucionar hacia una nueva y más compasiva existencia. Estás aquí para despertar a la gente a la verdad de sus acciones, para proteger a la Tierra de prácticas nocivas y para trabajar como activista energético, o activista a secas, con la misión de salvar el planeta.

Hay muchas formas distintas de hacer esto y es importante que entiendas que no depende de ti llevar a cabo todas las acciones necesarias con el fin de ayudar al planeta a sanar. Te puede parecer que llevas mucho peso sobre tus hombros, pero la realidad es que hay cientos de miles, si no millones, de personas que son como tú y que también están embarcadas en esa misión. De esta forma, todos están trabajando juntos para crear una experiencia más positiva en la Tierra a la vez que la salvan de la destrucción de la humanidad. Es necesario que todos y cada uno nos comprometamos a hacer nuestra parte única para crear la completa red de energía curativa que es necesaria para revertir el daño que se le está haciendo a nuestro planeta y a nuestra sociedad.

Se puede ayudar a los demás de muchas formas, como puede ser ayudar a jóvenes empáticos a identificar su verdadera naturaleza y servirles de guía para mostrarles el camino. También puedes apoyarlos y protegerlos mientras descubren sus sensibilidades y aprenden a abrir los ojos para ver la energía que existe a su alrededor, a la vez que los ayudas a comprender sus dones únicos y a expresarlos ante el mundo que los rodea. Otra forma de ayudar al planeta es, simplemente, teniendo empatía y compasión por los demás y por lo que puedan estar pasando. Ese sencillo gesto puede ayudar de muchas formas a las personas a sanar y a disfrutar de una existencia más positiva a lo largo de sus vidas. A menudo, esto se puede hacer de maneras muy sencillas, tales como mostrar empatía y compasión por tus amigos y familiares y trabajar con ellos para que aprendan la realidad de quién y cómo eres. De esta forma, tus amigos y familiares pueden dejar de pensar que eres "solamente sensible" y empezar a respetar tus dones e, incluso, aceptar los consejos que puedas ofrecerles.

También puedes ser de utilidad para la humanidad identificando tu pasión y tu propósito y buscar la manera de convertirlo en un negocio, ya sea a tiempo parcial o a tiempo completo, para que puedas dedicar todo el tiempo que puedas a ayudar. A algunas personas empáticas les cuesta hacer esto porque se sienten culpables por cobrar dinero por sus dones, pero la realidad es que cuanto más compensación recibas por ellos, más capaz serás de empoderarte y servir a tu propósito. De esta manera, tus actos de servicio se vuelven más potentes y eres capaz de hacer aún más cosas por el mundo, lo que significa que puedes, junto con el resto de personas empáticas, cambiar por completo a la humanidad tal como la conocemos.

Para ayudarte a hacerte una idea más sólida de cómo puedes ayudar a los demás al mismo tiempo que te ayudas a ti mismo, vamos a profundizar en lo que puedes hacer de forma específica, sin agotarte tú ni agotar tu energía.

Ayudar a Jóvenes Empáticos

Cada día nacen nuevas personas empáticas que son criadas en una sociedad a la que aun le cuesta apoyar a los empáticos. La forma en que nuestra sociedad está estructurada no es ideal para los jóvenes empáticos, ya que los expone a grandes traumas y grandes cantidades de energía abrumadora que puede dificultarles el proceso de crecimiento. Si tú mismo has tenido una crianza difícil debido a tus propias sensibilidades, entonces eres capaz de entender exactamente a lo que se enfrentan esos niños en su día a día. Tristemente, los empáticos más jóvenes que aún están luchando por encontrar su lugar en la Tierra siguen estando expuestos a las mismas dificultades que los adultos empáticos enfrentaron en su momento.

Aprender a ser la persona que pueda mostrarle el camino a los jóvenes empáticos significa que puedes darles la oportunidad de comprenderse a sí mismos y sus dones a una edad muy temprana. También puedes darle a esos niños o jóvenes empáticos la oportunidad de conectar con su propósito y empezar a ayudar a sanar la Tierra desde una edad muy temprana, lo que quiere decir que vas a tener un mayor impacto en lo que a sanar el mundo que te rodea se refiere. Ser un guía es un papel muy importante que las personas empáticas adultas asumen a medida que empiezan a comprender sus dones únicos y a usarlos con responsabilidad.

Ser un guía para los jóvenes empáticos no significa necesariamente que tengas que salirte de tu rutina para "reclutar" a esos jóvenes o buscarlos para poder ayudarlos, aunque puedes hacerlo si es una posibilidad que te resulta atractiva. Sin embargo, si crear recursos y sistemas de apoyo para un gran número de jóvenes empáticos no es algo con lo que te sientes cómodo, puedes empezar por estar disponible solamente para aquellos que se crucen en tu camino. Apoyar a tus propios hijos, otros jóvenes de tu familia o, incluso, aquellos en las familias de tus amigos si la relación florece de forma natural, es una gran oportunidad para que empieces a ayudar a que esos jóvenes empáticos se sientan empoderados y vistos. De esta forma, puedes también educarlos para que entiendas qué son sus dones, cómo pueden protegerse y qué pueden hacer para vivir mejores vidas en general.

Si quieres asumir el papel de ayudar a jóvenes empáticos, es importante que también asumas el de ayudarte y sanarte a ti mismo. Tratar de guiar a las generaciones más jóvenes a través de sus traumas y luchas cuando te niegas a enfrentar los tuyos propios puede suponerte un reto y hacer que lo pases realmente mal al ayudarlos. También es posible que les transmitas información conflictiva o incompleta que puede dar lugar a resultados desfavorables, tales como pasarlo extremadamente mal para sentirse empoderados porque la información que les des puede estar contaminada con tus propias proyecciones.

Esto no quiere decir que no puedas ayudar mientras estés luchando tus propias batallas o sanándote, pero sí significa que debes estar plenamente atento a lo que dices y la información que puedas estar transmitiendo a los jóvenes empáticos. Vas a querer hacerlo lo mejor que sepas y ser siempre todo lo objetivo y solidario que puedas, a la vez que les haces sentir vistos y les permites tener la capacidad de ser libres para explorar sus dones.

Ayudar a jóvenes empáticos es un propósito increíblemente noble en el que embarcarte, sin importar a qué nivel decidas hacerlo. Sabiendo que tus propias experiencias y tus conocimientos van a servir de ayuda para que la juventud tenga experiencias mejores que las que tuviste tú puede ser increíblemente curativo. También ayuda al mundo en general, ya que estos jóvenes individuos pueden dar un paso al frente y abrazar su poder mucho más rápido, lo que hace que sean capaces de ayudar a sanar al planeta mucho más rápido también. Cuanto más rápido podamos despertar a la gente, ayudar a nuestros compañeros empáticos y colocar el poder en las amorosas y afectuosas manos correctas, más rápido podremos ser capaces de salvar a nuestro planeta y nuestra especie del daño que el mundo les está infligiendo, logrando así vivir en un mundo más feliz en general.

Ser Empático con los Demás y Ayudarlos a Sanar

Muchas personas empáticas sienten que deberían hacer algo significativo y especial con su don porque tienen un profundo sentido de obligación hacia los demás. Este profundo sentido del deber puede hacer que te resulte difícil saber cómo ayudar a los demás y puede convertir el acto de ayudarlos en presión añadida o una pesada carga sobre tus hombros. Puede que empieces a sentir que no hay nada que puedas hacer para estar a la altura de esas expectativas porque son demasiado altas y suponen un gran desafío, lo que supone que te puede resultar aún más difícil ofrecer tu ayuda a otras personas.

Esta sensación abrumadora de llevar una carga suele aflorar en empáticos que sienten que tienen que curar al mundo y que son los únicos que pueden hacerlo. A menudo, las personas empáticas olvidan que hay millones de personas que son como ellas y que están realizando la misma labor, por lo que no están solas en su misión. Una sola persona puede lograr hacer muchas cosas, pero esa única persona no es responsable de hacer todo lo necesario para sanar al planeta. Tienes permitido fijar límites y elegir cuándo y dónde ofrecer tu ayuda y cómo vas a ayudar cuando decidas hacerlo.

Aprender a exponerte con algunos límites quiere decir que puedes estar más plenamente presente cuando decidas ayudar a los demás. En vez de sentir que eres el único al que se le permite ayudar cuando otras personas lo necesiten, puedes quitarte esa presión de encima y centrarte únicamente en ayudar en ese momento. De esa forma puedes estar presente por completo y ofrecer tus dones empáticos y compasivos.

Lo creas o no, ser empático y compasivo son dos energías tremendamente poco merecidas e infravaloradas en nuestro mundo. Mucha gente tiene dificultades para encontrar a algún individuo que tenga la capacidad de genuinamente experimentar compasión y empatía hacia ellos, que es precisamente por lo que pueden sentirse tan atraídos hacia ti. Para muchos, puede que seas la primera persona que se haya ofrecido voluntariamente y de forma compasiva a ayudarlos y que tenga la capacidad de realmente entenderlos. Puede que no seas consciente de ello o que seas completamente consciente y eso haga que te sientas aún más obligado a ser "esa persona" para ellos.

Dicho esto, aún necesitas seguir dándote cuenta de que hay muchas otras personas empáticas ahí afuera. Tienes que confiar en que, si tú decides no hablar con una persona o no ayudar a alguien que lo necesita, van a cruzarse con otra persona empática que los ayude. En ese momento, esas personas están listas para recibir ayuda y es precisamente por eso que te han encontrado y por lo que seguirán su camino para encontrar a otra persona si tú no estás disponible para ayudarlos.

En los momentos en los que sí estés disponible para ayudarlos, asegúrate de estar completamente presente. Céntrate solamente en sentir la empatía natural, la compasión y la amabilidad que surgen de tu interior. Comprende que no tienes que "entrenarte" para sentir esas cosas porque naciste con el don único de ser capaz de sentir esas energías sin siquiera saber cómo. Para ti, esa capacidad es una segunda naturaleza y tiene todo el sentido del mundo. Permítete inclinarte hacia ese equilibrio natural y confía en que puedes tener un mayor impacto en los demás si te centras más en estar presente y mantener tu energía que si te dejas abrumar por la carga que te has impuesto.

Crear y Nutrir Relaciones en tu Vida

Tienes mucho más poder sobre tu propia vida del que piensas. Las relaciones que forman parte de tu vida están ahí con un propósito –ya sea ayudarte a crecer, ayudarte a aprender más cosas sobre ti mismo o para que te sientas apoyado y sentimentalmente nutrido. Es probable que todas y cada una de las relaciones de tu vida sean una especie de "prueba", así que debes ser capaz de entender qué significan esas relaciones y de qué forma están teniendo impacto en tu vida.

Si hay relaciones que forman parte de tu vida y que sientes que están ahí para ayudarte a crecer o aprender más sobre ti mismo, te darás cuenta de que pueden ser tanto positivas como negativas. En algunos casos, puedes tener amistades con otras personas empáticas que te hacen aprender sobre quién eres, qué eres capaz de hacer y que te animan a crecer y a volverte más fuerte en lo que a tus dones respecta.

En otros casos, puede que te veas envuelto en relaciones negativas donde el propósito es que aprendas sobre tus debilidades y donde no seas capaz de cuidar activamente de ti mismo estableciendo límites más fuertes. En esos casos, debes entender esas relaciones como oportunidades para comprender cómo permites que los demás se aprovechen de ti y te hagan daño. Aprovecha la oportunidad para entender que puedes deshacerte de eso, simplemente estando más presente y disponible para ti mismo. A medida que aprendas a controlar estas relaciones negativas y a establecer tus límites, verás que algunas de esas relaciones evolucionan de forma natural y se vuelven más saludables, agradables y más fáciles de controlar por tu parte. Por otra parte, algunas de esas relaciones pueden volverse aún más tóxicas y es posible que te veas en la necesidad de eliminarlas de tu vida, de forma que dejes de sentirte atrapado por la relación y todos sus elementos perjudiciales. A veces, aprender a dejar ir y darse espacio para rechazar relaciones tóxicas es una lección muy importante para una persona empática.

Las relaciones que tienen como fin hacerte sentir apoyado y permitirte sentir que está bien ser tú mismo son relaciones naturalmente saludables y positivas que deberías alimentar y mantener en tu vida. Esas son las relaciones que te van a hacer comprender el valor de las relaciones fuertes y el valor de la persona que eres. Por lo general, no hay nada que hacer para que estas relaciones vayan bien, salvo quizás dejar algunos límites más claros si ves que no se respetan, no porque la otra persona no sea respetuosa, sino porque no sabía que existían. Una vez que reafirmes tus límites, estos individuos van a cambiar su comportamiento de inmediato y celebrarán tus decisiones honrándolas y honrándote a ti profundamente.

Cuando se trata de cultivar nuevas relaciones, tienes que aprender a entenderte a ti y comprender lo que quieres y necesitas en una relación a un nivel más profundo. Esto es válido tanto para amistades como para relaciones sentimentales e, incluso, las relaciones con los miembros de tu familia. Tienes que darte el espacio necesario para ser capaz de saber con certeza quién eres y lo que quieres y necesitas para que seas capaz de alimentar esas relaciones de una forma respetuosa hacia ti mismo.

Cuando te conoces bien, incluyendo tus dones empáticos y tus tendencias y sabes lo que necesitas en una relación, se hace más fácil para ti atraer y hacer amistad con personas que puedan respetar todo eso. Esto se debe a que, si no lo hacen, puedes hacer valer fácilmente tus límites y seguir adelante para encontrar otras amistades que puedan encajar mejor contigo. Esto puede parecer agotador, pero confía en que no tiene por qué serlo. Puedes hacer amigos a tu propio ritmo y siempre puedes "cribar" a las personas mediante conversaciones a través de mensajes de texto antes de conocerlas, de forma que puedas comprobar cómo responden. Si parecen tener compasión y empatía hacia tus sensibilidades o si son, de hecho, personas empáticas también, es posible que sean los individuos idóneos para comenzar una relación. Si, sin embargo, si te hacen sentir que eres demasiado sensible o si no entienden o no se preocupan por tus necesidades, es probable que no sean las personas adecuadas para empezar a construir una amistad.

Recuerda que no importa lo profundamente involucrado que estés en una relación, siempre puedes hacer valer tus límites y respetuosamente poner fin a una relación si esta deja de estar en sintonía contigo. Teniendo esto en mente, es seguro para ti construir relaciones que te hagan sentir bien y romper las que dejen de hacerlo. Elegir tener una relación con alguien a cualquier nivel no implica que debas mantener ese grado de compromiso con esa persona para siempre.

Emprender un Negocio Basado en tus Dones

Otra gran forma en la que puedes ayudar a la gente con tus dones empáticos es emprendiendo tu propio negocio basado en esos dones. Muchas personas empáticas se dan cuenta de que montar su propio negocio es una gran oportunidad de trabajar en algo que suponga una buena forma de cubrir sus necesidades laborales y una fuente de ingresos, a la vez que son capaces de estar ahí para llevar a cabo su misión. Para mucha gente esta es una oportunidad de alejarse de la energía absorbente de estar atrapado en el mundo corporativo, a la vez que son capaces de dedicarse a su propósito con más frecuencia. Esta transición puede hacer que toda la problemática laboral y de sus ingresos sea más agradable y puede ayudar a liberarles gran parte de su energía.

Elegir construir tu propio negocio no quiere decir que debas comprometerte a ser un emprendedor a tiempo completo y tampoco la obligación de llevar tu empresa las 24 horas del día. Muchas personas empáticas lo hacen a tiempo parcial, como algo complementario que les permite servir su propósito y recibir una compensación por ello. Para muchos, este sencillo intercambio les da más posibilidades de conseguir los fondos y los recursos necesarios para profundizar en sus dones, a la vez que sirven a los demás.

Independientemente de que elijas emprender un negocio como empático a tiempo parcial o a tiempo completo, vas a tener que centrarte en desarrollar algunas habilidades específicas para que puedas ayudar a los demás sin vaciarte de energía o sin quemarte. Las personas empáticas que empiezan sus propios negocios sin tomarse el tiempo necesario para educarse con las nuevas habilidades energéticas que van a necesitar, suelen acabar arrepintiéndose de emprender y viendo cómo se resiente su negocio porque acaban viéndolo como una maldición. La realidad es que con pocas, pero fuertes, herramientas mentales bien establecidas, poner en marcha un negocio puede ser algo maravilloso y puede aumentar tu capacidad de servir y sentirte correspondido en la vida.

La principal mentalidad y el aspecto energético más importante al que debes prestar atención es la relación que mantienes entre tú y tu negocio y la relación que estableces entre tú y tus clientes. Muchos empáticos se adentran en los negocios sin límites fuertes en cuanto a cómo están dispuestos a exponerse o con qué frecuencia están dispuestos a hacerlo. Tener reglas para ti mismo con respecto a cuándo estarás presente y cuándo te tomarás descansos es importante porque, de esta manera, puedes proteger tu energía al mismo tiempo que estás disponible para servir y ayudar a los demás.

Otro límite que debes establecer es en torno a quiénes estás dispuesto a servir. Como empático, puedes sentirte obligado a servir a todas las personas, pero la verdad es que no lo estás y tratar de ayudar a todo el mundo solamente va a hacer que te quemes más rápido. En lugar de agotarte con los clientes que no están listos para cambiar o que solamente pretenden absorber tu energía sin respetarla, coloca límites a tu alrededor que te mantengan distanciado de las personas con las que vas a interactuar. Asegúrate de que tus clientes sepan que están obligados a tratarte de una manera respetuosa con tu energía y que respetan la información que estás dispuesto a compartir con ellos.

Si intuitivamente sientes que un cliente no está listo para la información que vas a proporcionarle o que ya le estás dando, pero nunca la implementa, no tengas miedo de "romper" con ese cliente. Déjales muy claro a tus clientes que deben estar listos para recibir e implementar la información que compartes o la orientación que les das y que no estás dispuesto a ayudar a las personas que simplemente desean acceder a tu energía, no a tu sabiduría. De esta manera, no te verás involucrado constantemente con clientes que no respetan tu tiempo, tu energía y tu información.

Por último, tienes que asegurarte de que cuando trabajes para cultivar una mentalidad más saludable desde la que ayudar a los demás, sea una mentalidad que también respeta tu valor. Muchas personas empáticas tienen la sensación de que deben ofrecer sus servicios gratis o hacer grandes descuentos a las personas que no pueden permitírselos. La realidad es que hacer eso solamente hace las cosas más difíciles tanto para ti como para el cliente. Un negocio implica que debe haber un pago a cambio de los servicios y, si decides emprender, debes estar dispuesto a establecer límites en cuanto a los pagos. Confíe en que esto es en realidad un acto de servicio en sí mismo, sin embargo, ya que requiere que tus clientes den un paso adelante por sí mismos, también deben respetar tu necesidad de tener un intercambio que te permita pagar tus facturas y disfruta de la vida "con el vaso lleno".

En lo que al tipo de negocio que puedes llevar siendo empático se refiere, las opciones son ilimitadas. Las personas empáticas pueden llevar muchos tipos de negocios, desde negocios creativos hasta curativos o de entrenamiento que sirvan para ayudar a sus clientes. Puedes expresar tu creatividad a través de cualquier medio artístico y dejar que esa energía ayude a tus clientes o puedes verter tus conocimientos, tu sabiduría y tus habilidades a través de sanación energética, entrenamiento u otras formas de ayudar basadas en un servicio directo. No importa lo que elijas hacer, pero asegúrate de que eliges el medio con el que más cómodo te sientas y que más te facilite ayudar a los demás de la forma en que realmente quieras hacerlo.

Capítulo 5: Protegerte de Vampiros Energéticos

Los vampiros energéticos suponen una dolorosa realidad para las personas empáticas. Virtualmente, cada persona empática que existe en el mundo tiene que lidiar con esos vampiros energéticos. Los empáticos que tratan con ellos tienen que aprender a respetar sus propias energías y a protegerse de esos individuos. Si todavía no has aprendido cómo protegerte de los vampiros energéticos, necesitas hacer de eso una prioridad en tu vida. Cuanto antes empieces a protegerte, antes conseguirás que ser una persona empática te parezca una bendición en vez de una maldición. Para muchos empáticos, los vampiros energéticos son la causa directa de que vean su bendición como una maldición porque se han visto expuestos a uno o a muchos durante largos períodos de tiempo.

No importa cuánto tiempo estés expuesto a un vampiro energético, la experiencia en sí puede ser increíblemente dolorosa. Es más, puede que te veas incapaz de sacar a esos individuos de tu vida para protegerte, haciendo que la experiencia sea aún más dolorosa. Cuanto antes aprendas a controlar ese tipo de relaciones y a protegerte de los vampiros energéticos, mejor te vas a sentir. Como resultado, empezarás a sentir que tus dones son un verdadero regalo.

Por qué los Vampiros Energéticos se Aferran a Ti

Como empático, los vampiros energéticos se aferran a ti porque saben que tienes una energía más poderosa y empática que cualquier otra persona en la Tierra. Los vampiros energéticos saben que tienes un corazón de oro y que harás todo lo que puedas para ayudar a cualquier persona en cualquier situación, a veces sin tener en cuenta cómo pueda afectarte a ti. A menudo, las personas empáticas que no están "entrenadas" para controlar sus dones se verán con dificultades para fijar límites y decir que "no" a ayudar a la gente cuando se encuentren con personas que lo necesitan. Para un empático, todo el mundo es merecedor de ayuda y todo el mundo puede ser salvado.

Lo que creas que es cierto, lo es. Técnicamente, todo el mundo tiene la capacidad de analizar sus propios traumas, comprender por qué necesitan tanta energía de otras personas y sanar sus propios comportamientos. Sin embargo, la mayoría de las personas no lo hacen porque no están dispuestas a admitir que tienen un problema y que necesitan ayuda. Además, han aprendido a aprovecharse de las personas con buenas intenciones, de manera que pueden seguir comportándose de una forma tóxica y salirse con la suya. Para ellos, establecer una relación contigo es su manera de tenerte disponible para los patrones de abuso y perjuicio que suelen producir en las vidas de otras personas.

Puede que pienses que si te quedas con una persona el tiempo suficiente y sigues queriéndola y apoyándola incondicionalmente, esa persona cambiará, pero la realidad es que sucederá justo lo contrario. Es cierto que el amor incondicional puede curar, pero ese amor incondicional debe venir de nuestro interior, no de otras personas. En cuanto a ti, tienes que darte cuenta de que si sigues ofreciéndote a ayudar a personas de ese tipo, te sentirás continuamente agotado y verás que se aprovechan de ti una y otra vez. La verdad es que no los estarás ayudando.

Como persona empática, a veces puede parecerte que estás viviendo una vida con una puerta giratoria por la que no paran de entrar y salir de escena vampiros energéticos. También es posible que sientas que cuando por fin logras identificar a uno de ellos, te haces valer y te deshaces de ese vampiro energético, otro aparece para ocupar su lugar. Esto puede pasar por dos motivos. Uno de ellos es que eres una persona empática, por lo que, naturalmente, ellos pueden sentir que eres el tipo de persona que les permitirá aprovecharse de ella mientras no hacen nada por arreglar sus comportamientos problemáticos.

El otro motivo es que puedes ser una persona que aún no ha cultivado límites saludables ni métodos para enfrentarte a ellos como empático, lo que significa que sigues siendo susceptible de ser maltratado por esos vampiros energéticos. A medida que aprendas a identificar a esos individuos y a protegerte de ellos, te darás cuenta de que vas dejando de ser vulnerable a sus abusos porque también vas aprendiendo a cuidar de ti mismo.

Cómo Puedes Empezar a Proteger tu Energía

Aprender a proteger tu energía como empático quiere decir que tienes que aprender a fijar límites de formas tanto obvias como más sutiles. Las personas empáticas no necesitan tener límites físicos, mentales, emocionales y energéticos si son capaces de hacerse valer antes los demás y mantenerse a salvo de los abusos de otras personas.

A nivel físico, necesitas establecer límites que mantengan una distancia física entre las personas que no te respetan ni respetan tus energías y tú. Si te das cuenta de que hay personas en tu vida que están continuamente aprovechándose de ti, que te exigen demasiado o que no te respetan, debes establecer unos límites para sacarlos y mantenerlos fuera de tu vida. Es posible que quieras permitir que algunas de esas personas sigan consumiendo una pequeña parte de tu tiempo, pero otras deben ser eliminadas por completo de tu vida. Debes ser capaz de decidir qué es bueno para ti y actuar en consecuencia.

A nivel mental, debes tener una serie de límites internos en torno a lo que estás dispuesto a permitir y lo que no. A menudo, las personas empáticas tienen pensamientos que entran en conflicto con ellos mismos, cosas como "debo protegerme, pero también necesito ayudar a esta persona –solo esta vez". Este tipo de conflictos interiores pueden desviarte de tu camino con frecuencia y mantenerte atrapado en relaciones poco saludables con algunas personas. Empieza a reafirmarte en que tu protección, seguridad y energía importan y esas personas que te agotan no son personas que tengas la obligación de ayudar. No estás obligado a ayudar a nadie, incluso aunque seas una persona empática.

A nivel emocional, debes tener límites internos igual que en el caso anterior. A menudo, las personas empáticas tienen dificultades para hacerse valer porque se implican demasiado emocionalmente con otras personas y ese es el momento en el que esa sensación de obligación aparece. Aprender a identificar este tipo de patrones de comportamiento emocional te asegura ser capaz de darte cuenta de las situaciones en que puedas estar siendo emocionalmente manipulado o atado a circunstancias poco saludables, de manera que puedas librarte y protegerte.

A nivel espiritual, debes fijar límites entre tu energía y las energías de los demás. Esto quiere decir que, cada vez que sientas que alguien es emocionalmente agotador, debes poner en práctica esos límites emocionales que te protejan de ellos. A menudo, esos límites pueden ser en forma de escudo energético, donde visualizas toda tu energía completamente rodeada por una burbuja que la mantiene separada de la energía de todos los demás. Muchas personas empáticas hacen esto de forma constante como forma de protegerse de los demás. Otras, sin embargo, pueden necesitar hacer uso de esta técnica solamente cuando se vean involucrados en situaciones particularmente desafiantes con otras personas.

Identificar Vampiros Energéticos y Respetuosamente Evitarlos

Como persona empática, puede resultarte increíblemente útil aprender a detectar vampiros energéticos y aprender a evitarlos. La clave como empático es aprender a evitarlos de forma respetuosa, compasiva y empática, de manera que no sientas que les debes algo. Cuando las personas empáticas son capaces de crear ese tipo de barrera saludable y anticiparse para protegerse de los vampiros energéticos, pueden empezar a confiar de una forma más sana en los demás y a tener mejores relaciones con otros individuos.

Los vampiros energéticos, por decirlo de una forma sencilla, son las personas que forman parte de tu vida que no respetan tu energía y que actúan como un sumidero de energía cuando están cerca. A pesar de lo mucho que puedas querer a esas personas y lo que te preocupes por ellas, tratar con ellas es abrumador y puede hacerte sentir mal por elegir ponerte firme y hacerte valer en caso de decidir dar prioridad a tu propia energía. A menudo, estos individuos pueden llegar a ser abusivos de una forma encubierta si decides ponerte a ti primero y protegerte de las cantidades de energía que te exigen continuamente.

Una forma muy clara de identificar a esos vampiros energéticos es prestar atención a las personas con las que te sientes a gusto al tenerlas cerca y viceversa. Los vampiros energéticos tienen tendencia a hacerte sentir físicamente débil, mentalmente agotado o emocionalmente enfermo cuando pasas demasiado tiempo cerca de ellos. A menudo, te hacen sentir completa y totalmente agotado, haciendo que te suponga un enorme esfuerzo volver a ser "funcional" una vez que dejas de estar cerca de ellos. Este tipo de estrés puede generarte problemas en muchas áreas del cuerpo y la mente y, como empático, esos problemas pueden suponer un reto aún mayor para ti.

Otra señal de que alguien es un vampiro energético es la forma en que reaccionan cuando intentas ponerte firme para cuidar de ti. Las personas normales y sanas comprenderán que necesites tiempo para ti mismo y para llevar tú también una vida normal y saludable. Los vampiros energéticos, sin embargo, no lo entenderán. A menudo, se sentirán increíblemente frustrados contigo hasta el punto de empezar a tratarte mal y culparte o, incluso, llegar a abusar de ti por tratar de pasar tiempo lejos de ellos. Puede que intenten hacerte sentir que eres un mal amigo o una mala persona por tener otras obligaciones o cosas de las que quieras o necesites hacerte cargo en tu vida.

La tercera forma de detectar a los vampiros energéticos es realmente obvia es fijarte en lo que sucede cuando no estás cerca de ellos. Los vampiros energéticos no respetan en absoluto tu necesidad de tener algo de espacio o de privacidad y por eso te mandan mensajes de texto y te llaman constantemente o te exigen más de tu energía, incluso si habiéndoles dicho abiertamente que necesitas distanciarte un poco de ellos. Si esto comienza a suceder, ya sabes que estás tratando con un vampiro energético y necesitas dejarlo marchar de tu vida para que puedas vivirla de una forma más saludable.

Es importante que entiendas que nadie está exento de ser un vampiro energético. Miembros de la familia, amigos y jefes o compañeros de trabajo pueden ser vampiros energéticos a los que te veas expuestos de forma habitual. Si no tienes cuidado, esos individuos pueden hacerle mucho daño a tu vida, en general, y hacer que te resulte muy complicado vivirla de una forma saludable y normal. Si empiezas a percibir alguna de estas señales de alerta en una relación nueva o en una que ya existía, es importante que te pongas firmes y rechaces de forma respetuosa las invitaciones para salir o charlar de esas personas para que puedas preservar tu energía.

La mejor manera de rechazar respetuosamente a un vampiro energético es reconocerlo, reafirmar tus límites tranquilamente y mantenerlos. Los vampiros energéticos pueden llegar a provocarte para que te enfades o pelees con ellos para así ser capaces de quedarse con aún más energía tuya, pero eso no es necesario. Si no respetan tu espacio, simplemente bloquea su número y sus cuentas en redes sociales para que no puedan seguir molestándote. De esa manera, puedes mantener más fácilmente esos límites que has establecido.

Convertir Energía Negativa en Energía Positiva

Cuando te expongas a energías negativas, como la de un vampiro energético, es importante que aprendas a lidiar con ellas para que no te veas atrapado en los pensamientos en bucle que puedan estar corriendo por tu mente. Muchas personas empáticas no se dan cuenta de que, una vez que se han expuesto a energías negativas, no basta con alejarse de esa situación para protegerse y empezar a curarse de lo que hayan experimentado. Además de eso, las personas empáticas necesitan reconocer la energía negativa que se han llevado consigo para convertirla en energía positiva y dejar de cargar con ese peso añadido.

Cargar con energía negativa en tu interior puede suponerte grandes cantidades de estrés y presión. A mucha gente esto puede afectarle al sistema nervioso, el sistema cardiovascular y otras partes del organismo. Según la Dra. Christiane Northrup, los vampiros energéticos pueden poner en riesgo tu salud debido a esos niveles de estrés tan elevados a los que te someten. Esos altos niveles de estrés pueden estar relacionados con desórdenes autoinmunes, enfermedades cardíacas, depresión, obesidad y mucho más, así que guardar esa energía negativa y rodearte de vampiros energéticos suponen un riesgo real para tu salud.

Aprender a controlar la energía negativa y convertirla en energía positiva empieza con la identificación de esa energía negativa que estás cargando. A veces, tener un "vertedero mental" en tu diario es la mejor manera de sacar todo eso que llevas dentro para que puedas quitarte ese peso de encima y empezar a procesarlo. En muchos casos, ver la información escrita en un papel y responsabilizarte de ella ayuda a empezar el proceso de curación de todos los problemas a los que te enfrentas en la vida.

Una vez que hayas volcado todo lo que tenías en la mente sobre tu diario, puedes empezar a buscar formas de arreglar esas cosas de forma intencionada y con atención plena. Sanar haciendo uso de tu plena atención significa que sientas tu dolor, busques otro marco desde el que ver tus experiencias o mirar tus problemas desde otras perspectivas. También puedes hablar con alguien, como un terapeuta, trabajar con tu médico para que te ayude a abordar cualquier cuestión de salud que te preocupe o trabajar con otros profesionales que puedan ayudarte. Muchas personas empáticas encuentran que trabajar con nutricionistas, expertos en bienestar y otros profesionales cualificados que los ayuden a que todo vaya sobre ruedas es increíblemente útil para recuperarse de los problemas a los que se enfrentan.

A medida que empieces a curarte de la energía negativa que has estado llevando contigo, verás que empiezas a tener espacio de forma natural para que la energía positiva ocupe su lugar en tu vida. De esta forma, serás capaz de tener cada vez más energía positiva que dará lugar a más emociones, experiencias y pensamientos positivos. Esta energía positiva será algo natural y sostenible capaz de ayudarte a tener mejores experiencias vitales como ser humano y como empático, a la vez que aprenderás a superar el trauma de los vampiros energéticos.

Proteger y Usar tu Energía Positiva (en vez de Regalarla)

Una vez que empieces a transmutar tu energía negativa en energía positiva, es importante que empieces también a proteger esta última para que no te veas sencillamente regalándosela a los demás. Si empiezas a regalar tu energía positiva a otras personas, te verás envuelto de nuevo en un bucle de permitir que los vampiros energéticos se aprovechen de ti a la vez que absorbes su energía negativa.

Hay muchas formas de protegerte a ti y a tu energía positiva, aunque la mayoría de estas formas requieren que prestes mucha atención a qué clase de personas permites entrar en tu vida y a cómo compartes tu energía con ellas. En la mayor parte de los casos, si puedes manejar adecuadamente tus relaciones y tienes establecidos los límites correctos con respecto a cómo estás dispuesto a compartir tu energía, verás que eres capaz de disfrutar de relaciones mucho más positivas con la gente.

Lo primero que tienes que hacer para proteger tu energía positiva es aprender a no sentirte mal por decirle a algunas personas que ya no son bienvenidas para formar parte de tu vida. Además, asegúrate de no sentirte obligado a permitir que todas las personas nuevas que conoces tengan acceso a tu tiempo y tu energía. No tienes la obligación de dejar que todo el mundo sea tu amigo, aunque pienses que tiene buenas intenciones. Si alguien no está en sintonía contigo o sientes que no respeta tus límites, no estás obligado a construir una relación con esa persona, a esperar que cambien o a tratar de cambiarlos tú.

También debes asegurarte de bajar tus expectativas en torno a los vampiros energéticos para que dejes de hacerte daño esperando a que cambien y estén más emocionalmente disponibles para ti. La realidad es que la mayoría de los vampiros energéticos no cambiarán y, si lo hacen, es poco probable que lo hagan por ti. En vez de esperar a que cambien, deberías tratar de bajar tus expectativas para que dejes de sentirte herido cada vez que no sean capaces de estar ahí para ti. De esta forma, no te verás atrapado una y otra vez en un bucle de esperar lo mejor y ver cómo te decepcionan de nuevo.

Otra forma de proteger tu energía positiva es aprender a estar más tranquilo y ser más neutral cuando estés rodeado de personas que absorben tu energía. Esta estrategia es el "método de la piedra gris" y es, en esencia, no dedicar nada de tiempo, energía, atención o emociones a las personas que sean desconsideradas contigo y con tu energía. En vez de dejar que se lleven lo mejor de ti y hacerles saber que tienen poder sobre tu energía, muéstrales que no tienen ese poder. Aunque te sientas de esa forma, no dejes que lo sepan. En su lugar, mantente todo lo neutral que puedas y encárgate de tus emociones más tarde cuando ya no estén cerca. De esta forma, puedes manejar razonablemente las emociones y la energía con las que te han cargado para que puedas sanar adecuadamente. Además, esto te ayudará a minimizar la cantidad de energía que estas personas te exigen, por lo que perderán el interés y acabarán dejándote en paz.

Por último, debes asegurarte de que hay personas que forman parte de tu vida con las que puedes comunicarte de forma honesta para que no tengas la sensación de que te enfrentas a todo tú solo. Busca un amigo de confianza o un aliado con quien hablar. Esta persona puede decirte honestamente lo que ven desde su perspectiva. De esta forma, cuando estés tratando con alguien que parezca tener comportamientos problemáticos, puedes hablar con ese individuo de confianza para conocer su opinión sincera. Es una gran forma de quitarte de encima el peso de tener que averiguar tú solo lo que está pasando a la vez que aprendes a escuchar de verdad la opinión de otra persona. A menudo, una fuente de confianza te hará saber si alguien se está comportando de forma extraña o poco razonable y te animará para que sientas que tienes el poder para protegerte de ese alguien de ese momento en adelante.

Capítulo 6: Cuidar de tu Cuerpo, Mente y Energía

Aprender a reconocer, evitar y recuperarte de los vampiros energéticos no es la única forma de cuidarte que necesitas añadir a tu rutina diaria si vas a proteger tu faceta como persona empática. Como empático, aprender a crear fuertes rutinas de cuidado para todas las áreas de tu vida es una oportunidad crucial de cuidar de ti mismo y evitar que te sientas quemado energéticamente hablando.

Muchas personas empáticas no se dan cuenta de que necesitan cuidar y atender más a su bienestar que las personas promedio. Para muchos empáticos, hacer simplemente lo mínimo indispensable para cuidarse no es suficiente, ya que deja muchas vacantes en su rutina de cuidado. Un gran ejemplo de lo que es ser una persona empática con una rutina de cuidado "normal" es correr detrás de algo que deseas profundamente, pero hacerlo en una cinta de correr. En vez de hacer progresos, correr más y más rápido pero nunca te acercas a lo que de verdad anhelas en la vida.

Aprender a bajarte de la "cinta de correr" del cuidado personal y pasar a la acción de realmente cuidarte de una forma que realmente te ayude a sentirte mejor es muy importante. De esta forma, eres capaz de cuidarte para empezar a sentirte mejor. Como resultado, puedes estar ahí para ti mismo y para las personas que importan en tu vida, lo que te permite sentirte mucho más satisfecho con tu vida en general.

Entiende que cuidar de uno mismo siendo una persona empática se presenta de muchas maneras y suele ir mucho más allá del cuidado personal que se dedica la mayoría de las personas promedio. El cuidado requiere que las personas empáticas se encarguen de su bienestar físico, mental, emocional y espiritual y comiencen a elegir prácticas que les permitan sentirse totalmente atendidos en todas las áreas de sus vidas. Una vez que aprendas a "llenar tu vaso" adecuadamente, descubrirás que te sientes mucho mejor y que eres capaz de ayudar mucho más eficazmente, lo que significa que las personas sacarán aún más beneficios de la ayuda que les ofrezcas. De esta forma, tienes un impacto real mucho mayor, como siempre quisiste, y no te sientes agotado por ello.

El Poder de Crear Límites Saludables

Los límites saludables son necesarios cuando eres una persona empática y es por eso que hemos estado hablando constantemente sobre límites a lo largo de este libre. Los límites son algo con lo que los empáticos suelen tener dificultades, sobre todo porque les resulta muy fácil convencerse a sí mismos para saltarse sus propios límites y permitir que los demás los traten mal. Para una persona empática, permitir que las personas se comporten de esa forma con ellos es una oportunidad de empezar a ayudar a esos individuos, cuando la realidad es que lo único que hacen es permitir que tengan malos comportamientos. La verdad es que la gente no va a respetarte ni a aceptar tu ayuda a no ser que estén listos para ello y si no están activamente dispuestos a respetarte a ti ni a tus límites en este momento, no están listos para formar parte de tu vida. No están listos para la ayuda que eres capaz de ofrecerles y no serán capaces de recibir nada que puedas darles. Al contrario, te verás constantemente inventando excusas por ellos y tratando de ayudarlos, para después acabar preguntándote por qué nadie te escucha.

Una de las principales razones por la que las personas empáticas tienen problemas estableciendo límites es porque suelen verlos como algo dañino o doloroso que están interponiendo entre ellos y otro individuo. Es importante que entiendas lo que es realmente un límite antes de poner uno para que puedas establecerlos con seguridad y sin sentirte culpable por necesitarlos.

Debes entender que, en el fondo, los límites no son separaciones, paredes, burbujas o algo que sirva para hacer una división entre otra persona y tú. Tampoco son el acto de negarle tu compasión, cuidado, empatía o energía a otra persona. Los límites son, en esencia, "normas" sobre cómo estamos dispuestos a permitir que nos traten, ya sean las personas que forman parte de nuestras vidas o nosotros mismos. Cuando reafirmamos nuestros límites, lo que estamos diciendo es "no me siento querido, respetado o apoyado cuando me tratas de esa manera, así que te pido que dejes de hacerlo". Después de fijar un límite, puedes ofrecer una solución más respetuosa y positiva para que la gente pueda empezar a tratarte mejor. En ese punto, depende de ellos decidir si van a tratarte mejor o no.

Si alguien elige seguir tratándote mal después de haber fijado tus límites o si continúan cruzándolos, entonces necesitas hacerlos valer con más fuerza. Esto suele significar que debes aplicar las consecuencias de cruzar tus límites, tales como alejarte de esa persona o dejar de hablarle para que no te siga tratando mal el individuo que no te respeta. De nuevo, pueden elegir cambiar la forma en que te tratan o seguir tratándote mal. Si deciden esto último, entonces debes dar por terminada tu relación con esa persona.

Entiende que en ningún momento estás negándole nada a ese individuo. Todo lo que estás haciendo es estableciendo unos estándares de lo que estás dispuesto a soportar y cómo estás dispuesto a que te traten y esperando que te respeten y se honren esos estándares. Si deciden no hacerlo, entonces son ellos los que han decidido poner fin a la relación contigo, aunque intenten hacerte sentir que el culpable eres tú. Nunca te equivocas al pedirle a las personas que forman parte de tu vida que te traten de una forma respetuosa y educada.

Ejercicios para Mejorar tus Energías

Hay muchos tipos de ejercicios que puedes realizar para ayudarte a mejorar como empático tus energías sensitivas. Tener un arsenal de prácticas útiles que puedas usar es garantía de que cuando sientas que tu energía empieza a disminuir o que te sientas particularmente decaído, puedes acudir a ellas para sentirte mejor y más animado. Esta es una muy buena forma que tienen las personas empáticas de controlar su energía y sus emociones de una forma sana y compasiva que les permite realmente volver a recargar toda su energía.

Como empático, una de las mejores cosas que puedes aprender a hacer por ti es trabajar con tu energía. Para una persona promedio puede ser suficiente con que un profesional le realice trabajos energéticos. Sin embargo, como empático vas a necesitar mucho más apoyo que ese. Al aprender a trabajar con la energía tú mismo, tienes acceso continuo al conocimiento y las herramientas que necesitas para reconocer los desequilibrios energéticos que haya en ti y eres capaz de arreglarlos y equilibrarlos lo más pronto posible.

Una de las mejores formas de trabajar con la energía es mediante el blindaje energético. Blindar tu energía quiere decir que visualizas un escudo energético a tu alrededor y alrededor de tu energía, evitando que entre cualquier energía indeseada. Aunque no es lo ideal vivir toda tu vida con un escudo energético todo el tiempo, ya que lo bloquea *todo*, sí puedes usarlo cuando te sientas particularmente agotado y no seas capaz de manejar la energía de nadie más en ese momento.

Además de visualizar un escudo, también puedes pasar algunos minutos cada día visualizando tu propia energía para darte cuenta de qué áreas pueden estar alteradas o desequilibradas. Pasar algunos minutos nutriendo con amor, consciencia e intención esas energías puede ayudarte a reponer esa parte de ti y volver a sentirte bien de nuevo.

Aparte de la visualización, también puedes aprender sobre cristales curativos, reiki, sanación con sonidos u otras modalidades de sanación energética que puedas ser capaz de practicarte a ti mismo. Aunque es recomendable que sigas acudiendo a un profesional para que te ayude a realizar sesiones de curación completas de forma regular, conocer estas prácticas te ayudará a mantener el equilibrio en los días que pasen entre esas sesiones.

Rutinas Diarias para Mejorar tu Energía

Tener rutinas diarias para mejorar la energía es importante para las personas empáticas. De esta forma, puedes estar seguro de que vas a tener el apoyo energético necesario para sentirte lo mejor que puedas y cuidar de ti mismo. Como empático, las cuatro mejores cosas que puedes realizar de forma diaria son: cuidar de tu cuerpo, cuidar de tu mente, cuidar de tus emociones y cuidar de tu energía.

Para tu cuerpo, llevar a cabo prácticas como yoga o aeróbic y nutrirte con alimentos sanos es una buena forma de mejorar tu energía y cuidar de ti. Cuando tu cuerpo tiene el apoyo necesario y está adecuadamente cuidado, es más probable que tu espacio físico sea una base sólida y es menos probable que te sientas abrumado por lo que pase en el mundo que te rodea. También deberías centrarte en hidratarte con agua filtrada. Además, si en algún momento algo te preocupa, asegúrate de contactar con un médico para que se encargue de la salud de tu cuerpo físico. Nunca dejes de lado el cuidado de tu cuerpo si sospechas que necesitas ayuda con algo.

Para tu mente, debes trabajar en prácticas como la visualización y el pensamiento positivo para asegurarte de que nutres tu mente con ideas saludables. Además, en el momento que sientas que la vida se te hace cuesta arriba, aprende a validarte a ti mismo y a tus experiencias, a la vez que tomas conscientemente el control de la situación para que puedas empezar a sanar. Aprender a validarte y tomar las riendas de las experiencias de tu vida es una forma muy poderosa de proteger tu energía mental.

En cuanto a tus emociones, debes asegurarte de que las sientes por completo y que tienen total libertad. Aferrarte a emociones o tratar de encerrarlas, especialmente siendo una persona empática, solo conseguirá que te sientas abrumado. Llevar un diario puede ser muy útil para liberar emociones y cualquier pensamiento que pueda estar unido a esas emociones. También puedes centrarte en la meditación porque puede ayudarte a equilibrar tu mente y tus emociones de una forma más sana.

Por último, tus energías espirituales también necesitan atención. Puedes atenderlas mediante meditación, yoga, cromoterapia, llevando cristales o, simplemente, llevando a cabo pequeños rituales de sanación diarios. También puedes ser de ayuda para tu energía espiritual en tu día a día aprendiendo a utilizar herramientas de protección espiritual como la visualización de escudos o visualizar cómo tu energía se desenreda de la energía de otra persona para que puedas mantener la tuya limpia. Hacer esto de forma habitual te ayudará a tener experiencias más sanas y energéticas en general.

Rituales que Aumentan tu Energía Positiva

Además de recargar tu energía y aprender a ser plenamente atento con tu rutina de cuidado personal, deberías centrarte en aprender a incorporar rituales que impulsen tu energía positiva a lo largo del día. Las personas empáticas que no tienen mecanismos para lidiar con sus problemas, puede ser todo un reto manejar su vida diaria. Esto puede hacerlos sentir constantemente agotados, negativos o pesimistas. Aprender a impulsar tu propia energía negativa mediante rituales positivos es una gran forma de sanarte y tener una vida mejor como resultado.

Como empático, querrás aprender a incrementar tu propia energía sin abrumarte. Puedes hacerlo utilizando estrategias como escuchar música, realizar ejercicios de alta intensidad o escuchar una sesión de meditación guiada cuya finalidad sea darle un impulso a tu energía. Aprender a usar esas herramientas sutiles, aunque poderosas, puede ayudarte a empezar a tener experiencias más positivas en tu vida.

Cabe señalar que, como empático, hay cosas que deberías *evitar* en lo que a incrementar tu energía se refiere. Por ejemplo, la cafeína y la práctica de ejercicios de alta intensidad pueden ser ideales para algunas personas, pero para una persona empática pueden ser increíblemente abrumadoras. Las personas empáticas suelen verse muy afectadas por los estimulantes y estimular de esa forma su energía puede llegar al punto de ser abrumador y producirles ansiedad. No te fuerces a aumentar tu energía de formas "convencionales" que pueden hacerte sentir presionado. En su lugar, busca formas que sean complementarias a tu energía y que realmente puedan ayudarte a sentirte mejor.

Cuidar tu Cuerpo para Aumentar tu Energía

Cuidar de su cuerpo es una de las formas más infravaloradas en que una persona empática puede cuidar su campo energético. Tu cuerpo es la base de todo lo que experimentas en la Tierra y si no está adecuadamente nutrido, vas a tener experiencias extrañas relacionadas con tu campo energético. La parte del cuerpo que suele estar más activa en las personas empáticas es el sistema nervioso, ya que están constantemente siendo estimulados por distintas energías, lo que puede dar lugar en ocasiones a un sistema nervioso hiperactivo. Este problema es más frecuente que se presente en empáticos que no cuidan adecuadamente de sí mismos y no honran la importancia de sus cuerpos físicos. Esto puede verse amplificado por tu tendencia a disociarte, especialmente si descubres que puede convertirse en un método para afrontar los problemas que puedes usar para ayudarte a manejar las energías incómodas que vienen asociadas a ser una persona empática.

A la vez que aprendes a restablecerte de las partes problemáticas de ser una persona empática y aprendes a cuidar de ti mismo, debes aprender a cuidar de tu cuerpo también. Aprender a comer correctamente, dormir siguiendo un horario de sueño saludable y respetar tu cuerpo cuando quiere o necesita algo de ti es increíblemente útil para poder cuidar de ti y de tu energía. La mayoría de las personas empáticas descubren que necesitan encontrar para ellos una rutina de cuidado adecuada que los ayude a sentirse bien y a la que deben adherirse todo lo estrictamente que puedan para asegurarse de que siguen sintiéndose bien. Para algunos empáticos, las interrupciones de sus rutinas de cuidado pueden dar lugar a la aparición de síntomas indeseados que hacen que su energía sea difícil de controlar.

Si aún no eres completamente consciente de cómo cuidar de tu cuerpo particular y tus necesidades particulares, te animo a que te hagas con un diario y empieces ahora mismo. Empieza escribiendo todas las áreas de tu cuidado físico que necesitan atención, tales como comida, ejercicio, sueño, hidratación y cualquier otra cosa que te parezca relevante. Después, empieza a buscar de forma intuitiva nuevas rutinas que te ayuden a sentirte mucho mejor, especialmente en las áreas en las que te des cuenta de que tu cuerpo necesita atención adicional de tu parte. Mientras te ocupas de tu cuerpo de esta forma usando tu atención plena y tu intuición, te darás cuenta de que empiezas a sentirte mucho mejor.

Meditar para Sanar y Nutrir tu Energía

La meditación es un ritual de cuidado vital para cualquier persona empática, sin importar lo bueno o malo que creas que eres meditando. Ya sea que elijas meditar a diario o solamente en función de tus necesidades, la meditación debe ser una práctica que sepas utilizar y que uses adecuadamente para asegurarte de que cuidas de ti y de tu energía correctamente, todo lo bien que tus habilidades te permiten.

Si decides meditar de forma diaria, hay incontables sesiones cortas de meditación que puedes usar y que te ayudarán a cuidar de tu energía. Todo, desde cargar tu energía, descargarla o equilibrarla, puede hacerse a través de la meditación. Si no estás particularmente familiarizado con la meditación y con cómo esta puede ayudarte, usar sesiones guiadas de meditación que puedes encontrar en iTunes, Google Music, Sound Cloud o YouTube son una gran oportunidad de introducirte un poco más en el mundo de la meditación. A menudo, estas sesiones de meditación te guiarán a través de una experiencia paso a paso para que puedas empezar a hacerte cargo de tu energía de la forma en que lo necesites.

Las meditaciones diarias pueden realizarse como parte de un ritual, como, por ejemplo, por las mañanas cuando te levantes o por las noches antes de irte a dormir. O puedes, simplemente, usar la meditación en cualquier momento a lo largo del día cuando sientas que necesitas el apoyo extra que te aporta la meditación.

Además de la meditación diaria, hay muchas sesiones de meditación más largas que puedes seguir también. De nuevo, todas las plataformas mencionadas anteriormente tienen sesiones de meditación muy buenas de 30-50 minutos o más que puedes seguir para ayudarte a lograr ciertos resultados si así lo deseas. O, si no estás interesado en seguir sesiones de meditación guiadas, siempre puedes poner música de meditación o sentarte en un espacio tranquilo para meditar por tu cuenta. De esta forma, puedes obtener cualquier beneficio que necesites de la meditación para mantenerte equilibrado y cómodo.

La clave de la meditación es que te des cuenta de que es una experiencia personal y debe ser utilizada en cualquier momento que la necesites. Mucha gente piensa que la meditación tiene que realizarse de una determinada manera para que esté "bien" o que debes seguir algún tipo de práctica estricta para poder beneficiarte de ella. La realidad es que, al igual que en otras prácticas espirituales, la meditación es muy personal y todo gira en torno a lo que tú necesites y lo que elijas hacer de ella. Si quieres meditar diariamente y seguir una rutina estricta, definitivamente puedes hacerlo y beneficiarte de ello. Si prefieres hacer una sola sesión de meditación larga y profunda una vez a la semana para equilibrar tus energías, entonces haz eso. Si te das cuenta de que te funciona mejor meditar según lo vayas necesitando sin tener ningún tipo de normas o rutinas asociadas a la forma de hacerlo, entonces hazlo así. Por lo general, obtendrás mejores resultados de tus sesiones de meditación cuando dejes de preocuparte por las normas y empieces a hacer lo que mejor te sienta a ti.

Capítulo 7: Vencer Formas de Pensar Negativas

Los pensamientos negativos están cargados de energía, mucha de la cual puede ser abrumadora y dañina para una persona empática. Puedes sentirte atrapado en patrones de pensamiento negativo por estar rodeado de tanta energía negativa que te puede parecer imposible romper con esos patrones.

Tienes que ser consciente de que no todos tus pensamientos son realmente tuyos, ya que las personas empáticas son capaces de apropiarse de los pensamientos y energías de otras personas. Las personas empáticas suelen cargar con patrones de pensamiento negativo que no les pertenecen, haciendo que se sientan enfermos y abrumados solo con sentir esa energía. Para muchas personas empáticas, esta negatividad es como una enfermedad en sí misma y hace que se sientan completamente desconectados de su verdadera energía y su capacidad de prosperar en la vida.

Cuando aprendes a identificar una mentalidad negativa y de dónde viene, así como a manejarla, te permites empezar a sanar de esa experiencia indeseada y eliges sentirte sano y positivo en su lugar. Como empático, esta es una habilidad increíblemente importante, ya que te permite volver a sentirte conectado con tu verdadera realidad. En última instancia, esto contribuirá considerablemente a tu felicidad general.

Entender que Tener una Mentalidad Negativa Es Fácil

Es buena idea que logres entender que tener una mentalidad negativa siendo empático es fácil. Para las personas promedio, una mentalidad negativa es la mentalidad por defecto, ya que estamos programados con lo que se conoce como "sesgo negativo". El sesgo negativo es una condición humana que se supone que nos protege y nos mantiene con vida porque hace que seamos escépticos con las cosas que nos rodean, es decir, que estemos atentos a las posibles amenazas a nuestro bienestar. Por supuesto, no tenemos tantas amenazas ahora como cuando vivíamos en las cavernas y hacíamos fuego con rocas, por lo que ya no tenemos por qué apoyarnos en ese sesgo negativo.

La mayoría de las personas empáticas saben eso y tienden a querer tener una mentalidad positiva de forma natural porque es lo que los hace sentir bien. Sin embargo, la mayoría de los empáticos suelen estar rodeados de personas que no lo son y que, por tanto, están equipadas con ese sesgo negativo y que rutinariamente niegan que tengan algún motivo para cambiar esa forma de pensar. En vez de admitir que su mentalidad supone un problema, prefieren aferrarse a la negatividad y negar su necesidad de crecer.

Estar asociado con personas así puede suponer un reto como empático porque hace que seas vulnerable a que las personas llenas de negatividad puedan "infectarte" y atraparte en su mentalidad negativa. Por ese motivo, tienes que entender que tener un desliz y ceder ante esa "enfermedad de negatividad" es muy fácil para una persona empática y no debes culparte o sentirte débil o decepcionado si esto sucede. En vez de eso, es mejor reconocer que es muy fácil caer en ello, aceptar que has caído en la trampa y decidir voluntariamente empezar a sanar, a la vez que aprendes a estar más atento porque ya sabes el aspecto que tiene esa trampa y puedes evitarla conscientemente en el futuro.

Aprender a "Devolver Pensamientos"

Como empático, puedes "absorber" los pensamientos y emociones de otras personas. Esto quiere decir que también puedes "devolverlos". Esto es parte de los límites que estableces para ti y una forma esencial de evitar que experimentes una mentalidad y unos pensamientos negativos. Cuando empiezas a "devolver" esos pensamientos, lo que estás haciendo realmente es fijar unos límites que implican que ya no vas a permitir que los malos pensamientos de otras personas arruinen tu propia energía o tus experiencias.

La forma más sencilla de devolver pensamientos es empezar a hacerlo inmediatamente. Cada vez que te des cuenta de que estás "absorbiendo" los pensamientos de otra persona, tómate el tiempo necesario para reconocer lo que está pasando y decide voluntariamente dejar de absorber esos pensamientos diciendo mentalmente "devuelvo este pensamiento; esto no es mío". Cada vez que lo hagas, le enseñas a tu mente que ya no estás dispuesto a absorber los pensamientos de otras personas y que no necesitas esos pensamientos en tu vida. De esta forma, dejas en primer lugar de absorber esos pensamientos, así que es poco probable que te veas en la problemática de decidir qué hacer con ellos.

Si, aun así, descubres que te has hecho cargo de los pensamientos de otra persona y sientes que te resultan particularmente pesados, hasta el punto de empezar a sentirlos como propios, debes crearte un lugar seguro donde puedas aislarte y curarte de esos pensamientos. Esto significa que debes asegurarte de decidir conscientemente no seguir teniendo esos pensamientos y elegir lo que vas a pensar en su lugar.

Una buena forma de hacer esto es llevar un diario de pensamientos. De esta manera, cada vez que pienses en algo que consideres que no es un pensamiento tuyo, puedes escribir de dónde viene y a quién pertenecen originalmente. Después de rastrear tus pensamientos, puedes empezar a desafiarlos y tener en cuenta lo que realmente crees tú. A menudo, somos especialmente susceptibles de cargar con pensamientos que no son propios si no hemos tenido tiempo de formar nuestra propia opinión sobre algo, por lo que es más fácil adoptar la perspectiva de otra persona. Una vez que puedas sentarte y considerar lo que realmente crees que es la forma correcta de pensar para ti en ese momento, puedes empezar a protegerte de esos pensamientos negativos que has estado arrastrando.

Así, cada vez que notes que tienes pensamientos negativos de forma habitual, puedes pensar en lo que tú realmente crees sobre el tema en cuestión. Como resultado, como tu forma de pensar está más en sintonía con tu forma de ser, será más fácil que rechaces esos pensamientos negativos que generan patrones indeseados en tu vida.

Crear una Vida donde Tú Seas lo Primero

Las personas empáticas son conocidas por poner a los demás antes que ellas mismas y eso es parte del motivo por el que pueden sentirse tan abrumados y agotados. Cuando vives constantemente sintiéndote abrumado, agotado o quemado, es normal que gravites de forma natural hacia emociones y pensamientos negativos porque estás demasiado cansado incluso para tener esperanza y ser optimista ante la vida. Después de todo, es increíblemente difícil sentirse bien cuando no te *sientes* bien.

Aprender a romper con ese ciclo de anteponer a los demás es un paso importante para empezar a cuidarte y ocuparte de tus necesidades para empezar a sentirte mejor, lo que te permitirá también tener pensamientos más positivos. Se trata tanto de tu salud física como mental.

Como empático, la mentalidad suele ser que necesitas renunciar a todo lo que tienes para que pueda tenerlo otra persona. Parece haber mucha gente necesitada en el mundo y no la suficiente ayudando a esas personas que lo necesitan. La realidad es que *habrá* mucha gente necesitada en el mundo, pero que aún no están ahí porque siguen experimentando distintos niveles de crecimiento personal. El número de personas listas para recibir ayuda es directamente proporcional al número de personas capaces de proporcionarles esa ayuda. Y, dicho esto, necesitan que estés en forma para que puedas ayudarlas. De otra forma no estarías ayudándolas.

Piensa en ello desde una perspectiva diferente por un momento. Si le pidieras ayuda a alguien y te enteraras de que haberte ayudado ha hecho que ese alguien se sienta terriblemente mal, ¿cómo te sentirías? Es probable que te sintieras increíblemente culpable y, probablemente, avergonzado por haber necesitado su ayuda. Puede que sientas que debes pretender que ya no necesitas su ayuda porque lo has agotado y ahora te sientes mal contigo mismo por haberle pedido ayuda. Esta es una de las formas en que puede sentirse una persona a la que hayas ayudado si se diera cuenta de que te has sacrificado para ayudarla, ya que a nadie le gusta saber que necesitar ayuda puede hacerle daño a otra persona.

Si la persona a la que estás ayudando no se siente culpable, sino que cree que *deberías* sacrificarte para ayudarla, entonces esa persona no está realmente lista para que la ayuden. Es una persona que todavía se aferra a grandes cantidades de egoísmo y tiene problemas para ver las cosas con claridad. Se aprovechará de ti y, aun así, tendrá dificultades implementando las herramientas que le ofrezcas porque no está lista para cambiar de verdad.

Si realmente quieres ayudar a otra persona, debes empezar por ayudarte a ti y aprender a ponerte a ti primero. Cuando seas capaz de dar a los demás porque tienes mucha energía y abundantes recursos que ofrecer, entonces eso que ofreces tiene un impacto real y cambia las vidas de otras personas. De esta forma, tienes una mayor capacidad de conseguir lo que te propongas y de reponerte del agotamiento energético del pasado.

Equilibrar tu Propia Energía antes que la de los Demás

Para profundizar en cómo puedes pasar de una forma de pensar negativa a una positiva haciendo que tú seas tu prioridad, primero debemos profundizar en cómo debes equilibrar tu propia energía antes de ayudar a nadie más. Equilibrar tu energía significa cuidar de tu cuerpo, mente, emociones y espíritu antes de poder ayudar a otra persona.

Lo más probable es que ya hayas entendido por qué esto es importante desde la perspectiva de la persona a la que estés ayudando, pero ahora vamos a verlo desde tu propio punto de vista. Primero lo primero: no puedes equilibrar la energía de nadie si no estás en equilibrio tú, lo que significa que no puedes ayudar a nadie si no eres capaz de ayudarte a ti mismo. No se trata solamente de que no tengas suficientes recursos para dar, sino que no tendrás nada que ofrecer porque no eres capaz de vivir con integridad lo que sea que quieras ayudar a esa persona a superar. Es más, tratar de ayudar va a perjudicarte aún más, adentrándote en un ciclo negativo de querer ayudar pero no saber por dónde empezar.

Si quieres empezar a ayudar a los demás, debes empezar por equilibrar tu energía física, mental, emocional y espiritual de todas las formas posibles. Debes confiar en que tienes lo que hace falta para equilibrarte internamente y debes aprender a vivir con ese equilibrio. De esta forma, cuando uses tu energía para ayudar a otra persona no perderás el control.

Piensa en ti y en toda tu energía física, mental, emocional y espiritual como una balanza. Si ya estás desequilibrado porque uno de tus lados pesa más que el otro e intentas añadir más peso a esa balanza, lo más probable es que se desequilibre todavía más. Puede ser que no se añada lo suficiente a un lado como para compensar el otro o que se añada aún más al lado que ya pesaba demasiado, haciéndolo incluso más pesado. No importa cómo trates de equilibrarlo, nunca vas a encontrar el punto justo si estás tan confuso en tu interior que todo lo que haces simplemente te descontrola más.

En vez de añadir más cosas y desequilibrarte más, debes deshacerte de lo que te sobra para poder ayudar a los demás. Debes quitar todo el peso de tu balanza para poder ayudar a la gente sin perder el control y, a su vez, descontrolar la energía de esa gente también. De esta forma, puedes tener verdadero impacto sin sentirte increíblemente incómodo y desequilibrado.

Antes de intentar ayudar a nadie más, sana tus pensamientos, elige un estado mental positivo y empieza a sanar tu energía. Así, te sentirás mejor y lo suficientemente libre como para acometer la tarea de ayudar a otra persona a equilibrar sus energías sin perder el control ni exponerla a tus energías descontroladas.

La Importancia de la Charla Positiva con Uno Mismo

La forma en que hablas contigo mismo tiene un gran impacto en tu energía y en la forma en que piensas y sientes. Si quieres ser capaz de sanar, debes empezar por tus charlas contigo mismo.

A menudo, la forma en que nos hablamos a nosotros mismos es un eco de la forma en que otras personas nos han hablado a lo largo de nuestras vidas, a no ser que nos tomemos el tiempo de abordar conscientemente ese tema para ser capaces de tener diálogos interiores más saludables. Si aún no te has tomado ese tiempo para ser plenamente consciente de cómo son tus charlas contigo mismo y de dónde es que nacen esas conversaciones, entonces es probable que tengas de forma habitual conversaciones que son eco de conversaciones que tuviste con alguna otra persona cuando eras un niño. Pueden ser ecos de conversaciones con un miembro de la familia, un amigo, una figura de autoridad o cualquier otro miembro de la sociedad y que no contribuyen a tu bienestar o tu proceso curativo.

En vez de permitirte tener esas conversaciones internas "por defecto", debes empezar a construir a propósito una relación más respetuosa contigo mismo mediante esos pensamientos y conversaciones. Cuanto más lo hagas, verás que tu relación con esa voz interior se vuelve mejor y más poderosa. Como resultado, puedes empezar a decidir si tener diálogos internos que sean empoderadores y te ayuden a tener una mentalidad más saludable.

Si ves que tus diálogos internos suelen ir con el piloto automático activado o tienes problemas para cambiarlos por algo más positivo, hay algunas cosas que puedes hacer para ayudarte a salir de esta situación. Lo primero que puedes hacer es llevar un diario de pensamientos y empezar a escribir esos diálogos palabra por palabra para que puedas ser consciente de lo poco amables que son. Esto puede ayudarte a lograr la motivación necesaria para ponerle fin a esas conversaciones.

Otra cosa que puedes hacer es rodearte de gente y mensajes que sean empoderadores. Sigue a personas así en Internet, ten amigos empoderadores y escucha audios que te animen como vídeos de YouTube con afirmaciones o charlas que te levanten el ánimo para que puedas irte acostumbrando a lo que es escuchar y pensar cosas agradables sobre ti mismo. A medida que haces esto, verás cómo se reducen drásticamente tus diálogos internos negativos. Así, podrás tener conversaciones positivas contigo mismo y empezar a llevar una vida más saludable y feliz.

Capítulo 8: Cristales

Los cristales son una forma particularmente poderosa en que las personas empáticas pueden empezar a proteger sus energías y a ellos mismos del dolor que le producen las personas que hay en sus vidas. Los cristales pueden ayudarte a cargarte, a protegerte de energías negativas, ayudarte a tener relaciones más transparentes e intencionadas con la gente, a sanar tu corazón y ayudarte con muchas otras prácticas energéticas en tu vida. La mayoría de las personas empáticas que se han dado cuenta de sus sensibilidades han decidido empezar a llevar cristales a modo de joyería de forma habitual para poder ser más intencionales con su energía.

La ventaja de usar cristales para ayudarte a sanar tu energía es que los cristales trabajan por su cuenta sin que tengas que estar conscientemente "trabajando" en tu energía. De esta manera, si sientes que en tu día a día estás expuesto a energías indeseadas, puedes dejar que tus cristales te ayuden en vez de tener que conscientemente protegerte o recargarte. Como resultado, solamente necesitarás hacer el trabajo de mantenerte cargado o protegido en alguna situación que pueda ser especialmente abrumadora.

Cómo Funciona la Sanación con Cristales

Los cristales emiten su energía en una determinada frecuencia que tiene la capacidad de modificar sutilmente la frecuencia de los campos energéticos que rodean al cristal. Llevar puestos o cargar cristales de forma habitual te asegura que tu propio campo energético está "monitorizado" y equilibrado por esa energía del cristal a lo largo de todo el día. Este intercambio energético tiene lugar sin que tengas que facilitarlo intencionalmente una y otra vez, ya que el cristal facilita este equilibrio de forma automática solo con estar presente.

La sanación por medio de cristales puede hacerse llevando joyería hecha de cristales, pero también manteniendo especies cristalinas en tu casa o usándolas específicamente para sesiones curativas. Los cristales con forma de varita, esféricas o planas se utilizan en esas sesiones curativas en las que el individuo que está siendo sanado suele meditar con ellas, colocarlas en su cuerpo o frotarlas contra su cuerpo para limpiar su campo energético. Hacer esto de forma regular te ayuda a mantener tu energía protegida y limpia, mientras que llevar encima cristales en tu día a día te ayudará a mantenerla en los intermedios.

Si no estás certificado como sanador de cristales, siempre puedes buscar algún sanador local que pueda hacerte una sesión. La mayoría de las ciudades tienen sanadores experimentados que pueden hacer sesiones curativas adecuadas, lo que significa que si sientes que necesitas una limpieza energética más profunda, puedes reservar una sesión para que lo hagan por ti. Dicho esto, esto es totalmente opcional, no es estrictamente necesario para el proceso de curación.

Cristales para Sanar tu Energía

Hay cinco tipos de cristales que las personas empáticas deberían tener a mano para ayudarlos a sanar. Estos son el cuarzo rosa, la malaquita, el lapislázuli, la fluorita y la lepidolita.

Cuarzo Rosa

El cuarzo rosa es una piedra curativa increíblemente apacible que hace maravillas con el chakra del corazón y el cuerpo emocional de los seres sensibles. Esta piedra en particular tiene una energía muy suave, que es por lo que funciona tan bien para los empáticos. Es una gran sanadora y una piedra capaz de infundir amor incondicional y apoyo a tu campo energético si te sientes particularmente agotado.

Malaquita

La malaquita es una piedra de un color verde muy rico, conocida por liberar energía estable en tu campo energético para que tengas el poder de ser tú mismo. Si estás sanando de pensamientos negativos o tienes diálogos internos dolorosos, la malaquita te puede ayudar.

Lapislázuli

El lapislázuli te ayudará a profundizar en tus dones intuitivos y a despertarlos con más seguridad y facilidad. Si eres un empático intuitivo y quieres aprender a usar tus dones de una forma más saludable y sin que se aprovechen de ti, el lapislázuli es una gran piedra para usar.

Fluorita

La fluorita es conocida por equilibrar tus chakras y ayudar a tu psique y tus habilidades intuitivas. Esta piedra también tiene una habilidad neutralizadora muy sutil que le permite neutralizar energías negativas o dañinas a la vez que equilibra tu campo energético.

Lepidolita

La lepidolita es una piedra increíblemente suave a la hora de sanar que ayuda a las personas empáticas a deshacerse de la ansiedad que suelen tener cuando batallan con problemas energéticos internos. Trabajar con lepidolita es una maravillosa forma de calmar tus energías cuando te sientes abrumado para que puedas empezar a sentirte mejor, tanto tú mismo como tu campo energético. Lleva contigo esta piedra en particular si vas a estar cerca de personas cuya energía te haga sentir abrumado.

Cómo Funciona la Protección de los Cristales

La protección de los cristales funciona de la misma forma que la sanación con cristales. Los cristales protectores emiten energías protectoras hacia tu sutil cuero energético, de tal forma que las energías indeseadas, dañinas o negativas no pueden penetrar en tu espacio y crear ninguna incomodidad en tu vida. Si estás buscando sanarte de energías dañinas, lo mejor que puedes hacer es llevar contigo, ponerte o decorar tu espacio con cristales protectores.

Cristales para Proteger tu Energía

Los tres mejores cristales protectores que una persona empática puede tener son la obsidiana, el cuarzo ahumado y la amatista. Los tres son muy poderosos a la hora de proteger tu campo energético y mantener a salvo tu sutil cuerpo energético.

Obsidiana

La obsidiana es una piedra de color negro azabache, conocida por absorber las energías negativas de tu campo antes de que lleguen a tu cuerpo. Puedes llevarla encima, puesta o tenerla cerca cuando estés lidiando con negatividad para que la absorba de tu campo energético y se guarde dentro de la piedra. Así, la obsidiana debe ser limpiada regularmente usando salvia o enterrándola en una maceta con tierra para que libere las energías negativas una vez que termines de usarla.

Cuarzo Ahumado

El cuarzo ahumado es conocido por ser particularmente útil para las personas que absorben frecuentemente bajas energías, ya que es capaz de transmutar esa energía. Esta piedra no necesita ser limpiada ni cargada porque transforma, literalmente, la energía negativa en energía neutra, lo que significa que la piedra en sí misma no carga con ninguna energía negativa en su interior.

Amatista

La amatista es una piedra de un violeta vibrante que es conocida por proteger la psique y las energías psíquicas de un individuo. Como persona empática, es probable que seas una persona altamente intuitiva y profundamente conectada a tus dones psíquicos, seas o no consciente de ello. Tener amatista a mano te asegurará que mantienes tu energía intuitiva protegida en todo momento.

Conclusión

Como persona empática, has venido a la Tierra por un motivo muy especial y juegas un papel muy importante en la sanación de nuestro planeta. Dicho esto, no puedes jugar ese papel curativo a no ser que te tomes el tiempo necesario para entenderte a ti y a tus energías, a la vez que aprendes a equilibrar tu don curativo.

Las personas empáticas suelen verse viviendo en ciclos en los que se quedan sin energía y se mantienen demasiado agotados como para ser capaces de ayudar a alguien. Esto minimiza su impacto, a la vez que maximiza su dolor y sufrimiento, lo que puede hacer que esas personas empáticas afiancen su visión de que su forma de ser es más una maldición que una bendición.

Cuando aprendes a identificar tus sensibilidades y a trabajar en ellas a propósito, te encuentras con la oportunidad de empezar a cambiar la forma en que te muestras al mundo. En vez de estar constantemente a merced de vampiros energéticos con malas intenciones, eres capaz de proteger tu propia energía y estar ahí para las personas que realmente necesitan tu ayuda. Como resultado, eres capaz de jugar un gran papel en ayudar a la gente a conseguir los resultados curativos que realmente necesitan.

Con el fin de alcanzar tu principal propósito, vas a necesitar tiempo para enseñarte a controlar y proteger tus dones. Necesitas aprender a entender tus sensibilidades, a tener compasión contigo mismo y a sanar para que dejes de sentirte tan agotado todo el tiempo. Una vez que empieces a sanar y a cuidar adecuadamente de ti, serás capaz de ayudar a los demás de una forma que de verdad tenga el impacto que siempre has querido que tuviera y sin agotarte por completo.

Confía en que, no importa lo que hayas escuchado hasta ahora, las personas empáticas no nacieron para vivir una vida de eterno sufrimiento. Elige ver todo el sufrimiento que has experimentado hasta ahora y empieza a recuperar el control sobre ti mismo y tu bienestar. De esa forma, serás capaz de realmente empezar a experimentar la vida de alegría y curación que estabas destinado a experimentar desde el principio.